MYSTERY

오싹한 유령 미로 탈출에
한번 도전해 볼래?
나, 탐정 유령이 복잡한 미로의
탈출 방법을 알려 줄게.
단, 이것만 약속해 줘!

· 겁 없이 아무 미로나 들어가지 않기!
· 미로 속 보물에 손대지 않기!
· 어렵다고 포기하지 않기!

감수·이지연(수학영재교육원 강사 및 초등학교 교사)
2010년 서울교육대학교 졸업 후 현재 서울서강초등학교에서 학생들을 가르치고 있습니다. 서울특별시서부교육지원청 영재교육원(수·과학융합, 수학분야) 강사 및 서울특별시 지정 단위학교 수학영재학급 강사로 활동하였고 서울특별시서부교육지원청 영재교육원(과학) 강사로 활동 중입니다.

지음·정재은
출판 편집과 방송 작가 등 여러 직업을 통해 얻은 경험을 바탕으로 어린이 작가로 활동 중입니다. 그동안 지은 책으로는 《수학이 궁금할 때 피타고라스에게 물어봐》《똥핑크 유전자 수사대》《해인강 환경 탐사단》《개념 쏙쏙 참 쉬운 수학》〈스토리텔링 수학〉 시리즈의 《게임 수학》《불가사의 수학》《스파이 수학》《바이킹 수학》《로봇 수학》《드론 수학》 등이 있습니다.

그림·김현민
2000년 주간 〈아이큐 점프〉에 '비켜 비켜'를 연재하면서 데뷔하였습니다. 펴낸 책으로는 《퀴즈! 과학상식-곤충》〈스토리텔링 수학〉 시리즈의 《미로 수학》《캠핑 수학》《게임 수학》《불가사의 수학》《로봇 수학》《드론 수학》등이 있습니다.

2015년 5월 10일 개정판 1쇄 펴냄
2022년 2월 20일 개정판 9쇄 펴냄

지음 · 정재은 **그림** · 김현민
감수 · 이지연(수학영재교육원 강사 및 초등학교 교사)
채색 · 박은자 **표지 채색** · 최윤열

펴낸이 · 이성호
펴낸곳 · (주)글송이

편집/디자인 · 임주용, 최영미, 한나래, 권빈
마케팅 · 이성갑, 윤정명, 이현정, 김병선, 문현곤, 조해준, 이동준
경영지원 · 최진수, 이인석, 진승현

출판 등록 · 2012년 8월 8일 제2012-000169호
주소 · 서울시 서초구 능안말1길 1 (내곡동)
전화 · 578-1560~1 **팩스** · 578-1562
홈페이지 · www.gsibook.com

ⓒ글송이, 2015

ISBN 979-11-86472-94-1 74410
       979-11-86472-87-3 (세트)

*이 도서의 국립중앙도서관 출판시도서목록(CIP)은 서지정보유통지원시스템 홈페이지(http://seoji.nl.go.kr)와 국가자료공동목록시스템(http://www.nl.go.kr/kolisnet)에서 이용하실 수 있습니다. (CIP제어번호: CIP2015012375)

교과서 연계
수학 개념·원리

스토리텔링 수학

경고
들어오면 절대
못 빠져나감!

수학유령의
미스터리 미로수학

정재은 지음 김현민 그림 이지연 감수

글송이

꾸불꾸불 미로를 따라 찾아가는 스토리텔링 수학

사방이 벽으로 둘러싸여 있어 어지러운 갈림길이 많아
한 번 들어가면 다시 돌아 나오기 어려운 미로는 옛날 신화에도
등장할 정도로 오래된 장치랍니다.
단순한 미로부터 복잡한 미로까지, 많은 학자는 미로를 쉽게
빠져나가기 위한 여러 가지 방법들을 연구해 왔습니다.
미로를 빠져나가는 방법으로 널리 알려진 실타래를 이용하는 법,
왼손을 이용한 좌수법과 같은 여러 가지 방법을 참고하면서
출구를 예측해 봅시다.
출구를 예측하기 위해 우리의 두뇌를 사용하다 보면 어느새
추리력과 문제해결 능력을 키울 수 있어요. 그리고 안천재,
진지한 등 스토리텔링 수학 주인공 친구들과 함께 미로와 연관된
다양한 수학 개념들도 즐겁게 공부할 수 있다니,
정말 기대되는 모험 이야기이지요?
자, 그러면 우리의 주인공 친구들과 함께 꾸불꾸불 미로를
빠져나갈 준비가 되셨나요? 그럼 출발해 봅시다!

수학영재교육원 강사 및 초등학교 교사 이지연

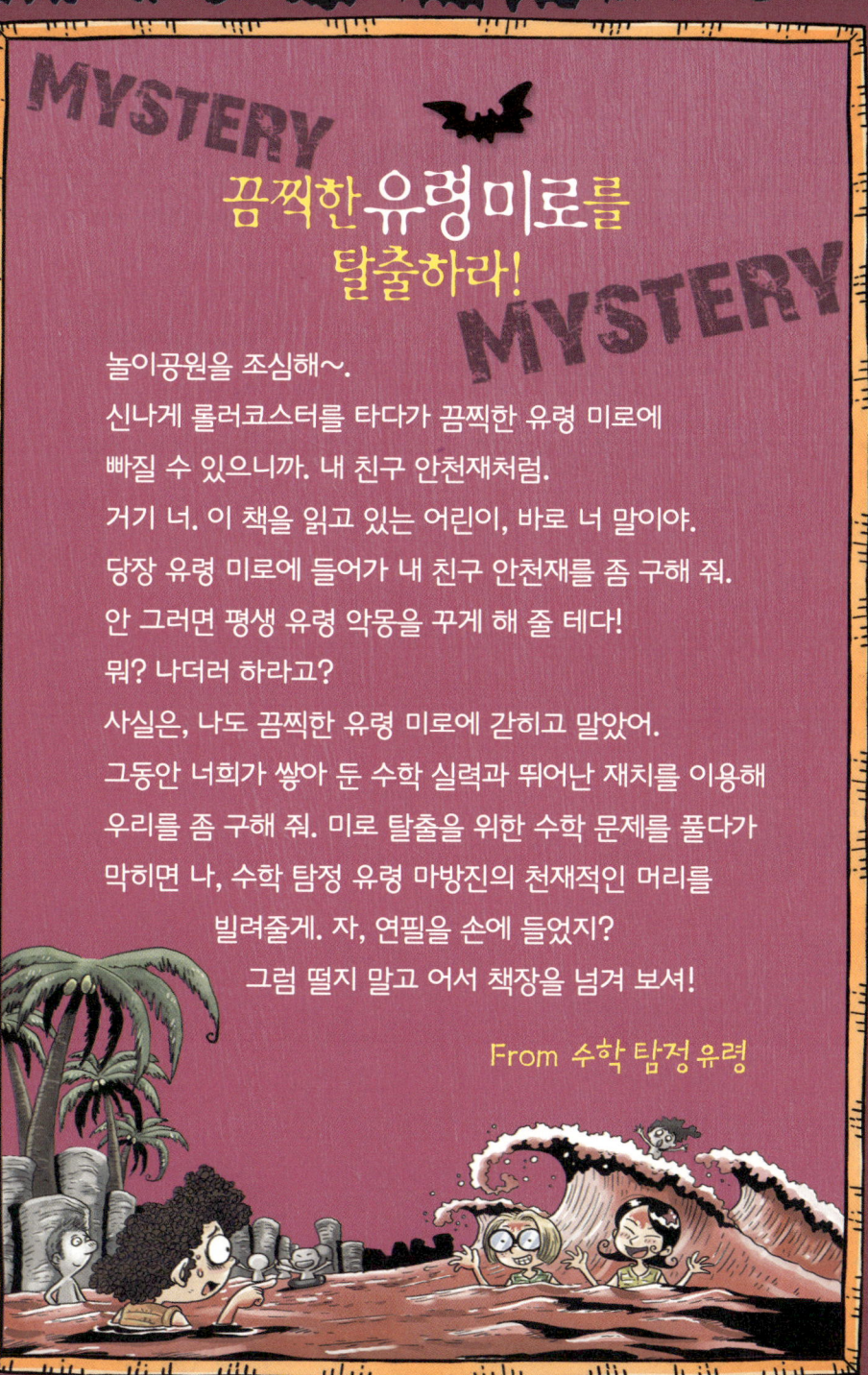

차례

프롤로그
길에서 마주친
이상한 꽃할배
····9

크노소스 궁전 미로의
열쇠 · 17

1. 해골 미끄럼틀에
당첨될 확률 약 33.3%
···· 18

2. 오싹한 귀신 미로를
탈출하는 방법 ··· 28

샤르트르 대성당의
미로 · 39

3. 미로의 문을 여는
비밀번호를 찾아라! ··· 41

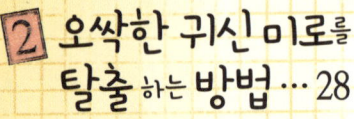

4. 거울 미로에서
길을 잃다 ··· 52

5. 미로에서 튀어나온
괴물의 정체는? ··· 60

6. 그래프로 변신한
복잡한 지도 ··· 73

쾨니히스베르크 다리의
현재 모습 · 83

7. 한 번 건널 때마다
무너지는 유령 다리
···· 84

8 시작도 끝도 없는
뫼비우스 미로 … 96

미로를 빠져나가는
똑똑한 로봇 • 103

9 모모령을 알아본
꽃할배의 정체 … 105

10 노란 망토 마녀가 건넨
계단 미로의 지도
… 116

여행자의 길과
외판원의 길 • 131

11 생명의 노란 모자는
누가 썼을까? … 132

12 정체를 알 수 없는
비밀의 문 미로 … 143

13 가장 가까운 길을
찾으려면? … 156

14 새미의 우울한
마이너스 인생 … 166

구불구불한
미로 도시 • 177

15 유령 미로 감옥을
청소하는 벌 … 179

에필로그
공포의 여왕을 위한
통쾌한 복수 … 186

초등 수학 교과 연계표 • 192

프롤로그

길에서 마주친 이상한 꽃할배

휙 뒤를 돌아보았어. 아무도 없었어. 분명 누군가 쳐다보는 것 같았는데. 담장 위의 고양이 한 마리 말고는 아무도 없었지. 혹시 주리가 장난치려고 몰래 따라오는 거 아닐까? 딱 걸렸어! 히히, 일단 아무 눈치도 못 챈 척 걸었어. 그러다가 정말, 아주 순간적으로 휙 돌아보았지.

"주리, 너!"

어? 아무도 없었어. 뒤통수가 간질간질하고, 누군가 분명 내 머리카락 한 올을 잡아당기는 느낌이 들었는데……. 고개를 갸웃거리다 다시 앞을 보고 걸었어. 이번에는 진짜 잡고 말 테야. 한 걸음, 두 걸음, 세 걸음…….

"왁!"

"아이고~, 아부지."

웬 할아버지가 주저앉으며 소리쳤어. 머리카락이 하얗고, 몸은 비쩍 마르고, 얼굴에는 굵은 주름이 100개도 넘는 진짜 왕 할아버지였어.

"죄송해요. 제 친군 줄 알고……, 괜찮으세요?"

내가 일으켜 드리려고 했는데, 할아버지는 땅바닥에 털썩 주저앉아 다리를 쭉 뻗어 버렸지.

"아이고, 다리야. 아가, 다리 좀 주물러 봐라."

"예?"

아무리 내가 잘못했지만 길 한복판에서 자기 다리를 주무르라니 좀 당황스러웠어. 나 때문에 넘어졌으니 안 할 수도 없고. 나는 소심하게 할아버지의 다리를 쿡쿡 눌렀어.

"어깨도 좀 주물러 봐라. 우리 모모는 안마를 참 잘하지."

"예? 누가 잘한다고요?"

나는 할아버지의 어깨로 손을 옮기며 물었어.

"거기, 거기. 아이고, 시원하다."

할아버지는 딴소리만 하다 갑자기 벌떡 일어났어. 다행히 다친 데는 없는 것 같았어. 하지만 더 큰 문제가 생겼지.

"아가, 우리 집이 어디냐?"

"예?"

생전 처음 보는 할아버지 집을 내가 어떻게 알겠어?

"장미 냄새가 어느 쪽에서 나냐?"

"예?"

"장미 냄새를 쫓아가면 되는데. 우리 집에는 장미가 아주 많단다. 다 내가 키웠어. 얼마나 예쁘다고……. 장미 중에서는 역시 노란 장미가 최고지. 우리 집에 가면 내가 노란 장미를 한 송이 꺾어 주마. 내가 다른 사람들에겐 절대로 안 주는데, 우리 모모에게는 하나 줘야지."

"예?"

이 일을 어쩌면 좋아. **이 할아버지 좀 이상한걸?**

"할아버지, 할아버지 사시는 집 주소가 어떻게 돼요?"

나는 스마트폰을 꺼냈어. 이럴 때 쓰라고 있는 게 바로 스마트폰의 지도니까.

"주소? 우리 집 주소 말이냐? 그렇지! 서울특별시 노란 장미 길 빨간 대문 집."

　아무래도 나 혼자 도울 수 있는 상황은 아니었어. 이럴 땐 전문가의 도움이 필요해.

　"할아버지 집이 어딘지 저는 모르겠어요. 우리 경찰서에 가서 물어봐요."

　"경찰? 순경 말이냐? 아니다, 싫다. 나는 싫어."

　할아버지는 소스라치게 놀라며 도망쳤어. 그런데 너무 서두르다 그만 넘어지고 말았지. 할아버지의 무릎에서 빨간 피가 똑 떨어졌어.

　"할아버지, 무릎에서 피가 나요!"

　할아버지는 빨갛게 맺힌 피를 바라보며 슬며시 웃었어.

"이건 피가 아니야. 꽃잎이야. 난 꽃할배거든."

"예? 꽃할배요?"

걱정했던 일이 현실로 나타났군. 갑자기 머리가 어질어질했어.

"응, 다들 그렇게 불러. 내 성은 꽃이고 이름은 할배래."

정말로 할아버지는 정상이 아니었어. 꽃할배라니! 지나가는 도둑고양이도 웃을……. 아니다, 꽃할배? 어디서 들어본 이름이야. 지난 봄에 엄마가 이웃 동네로 장미꽃 구경을 갔었어. 다녀온 엄마는 꽃할배인지 장미할배인지 하는 분이 마당 가득 장미꽃을 키우는데, 온 동네가 장미 향기로 가득하다고 했지. 장미꽃에 몰려든 꿀벌에 쏘이는 바람에 이마가 혹부리 영감처럼 부풀어 올랐는데도 엄마는 침을 튀기며 장미꽃 이야기만 늘어놓았지. 엄마가 꽃을 좋아하는 걸 그때 처음 알았다니까. 이 할아버지가 엄마가 말한 그 할아버지인가 봐. 그런데 그 할아버지는 치매라던데.

에고!

"할아버지 사는 동네를 대충 알 것 같아요. 따라오세요."

할아버지는 버럭 소리를 쳤어.

"떽! 우리 집 가는 길을 네가 어떻게 알아? 내가 알지.

나를 따라와라."

할아버지는 내 손을 거칠게 잡고 뚜벅뚜벅 걸었어. 뚜벅뚜벅 걷다가 길이 막히면 오른쪽으로 돌아서 뚜벅뚜벅, 막히면 또 왼쪽으로 뚜벅뚜벅, 횡단보도가 나오면 무조건 건너서 뚜벅뚜벅. 그런데 한참 걷다 보니 처음에 할아버지를 만났던 꽃집 골목으로 다시 온 거야.

"할아버지, 여긴 아까 왔던 데잖아요."

"정말?"

"할아버지, 집에 가는 길 모르시죠?"

"당연히 모르지. 인생은 원래 **복잡한 미로**인걸. 누군들 길을 잘 알겠어? 가다 보면 막히기도 하고, 괴물도 나오고, 유령도 나오지. 하지만 무지개나 천사도 나타나니까 포기하면 안 돼."

할아버지는 별안간 두 손을 모으고 하늘을 쳐다보았어. 꿈을 꾸는 것 같기도 하고, 소원을 비는 것 같기도 하고……. 저절로 한숨이 푹 나왔지.

"안천재 너, 여기서 뭐 해? 어머, 꽃할배, 우리 아들이랑 뭐 하세요?"

구세주가 나타났어. **우리 엄마.**

"뭐? 길을 잃었다고? 길만 건너면 바로 우리 집인데,

잃기는 뭘 잃어?"

그러고 보니 우리 집 앞이네? 그런데 우리 집 앞에 언제 이런 꽃집이 생겼지? 난 뒤를 홱 돌아 꽃집을 다시 쳐다보았어. 이게 뭐야? 꽃집이 아니라 편의점이었잖아? 도대체 나, 뭘 본 거냐?

"천재 넌 들어가서 공부해. 공부하라니까 맨날 싸돌아다니기만 하고."

엄마는 윗입술을 꿈틀거리며 내게 으르렁거린 뒤 다정하게 꽃할배의 팔짱을 꼈어.

"꽃할배, 제가 집까지 모셔다드릴게요. 저 장미 모종 하나만 주실래요? 너어무 예뻐서용. 호호홍."

나는 고개를 절레절레 흔들며 집으로 들어갔어. 그런데 현관문을 쾅 닫았다 도로 열고 밖을 내다볼 수밖에 없었어. 분명히 누군가 나를 쳐다보는 느낌이 왔거든.

도대체 누구냐, 넌?

미스터리 수학

크노소스 궁전 미로의 열쇠

그리스 크레타 섬의 크노소스 궁전에는 한 번 들어가면 절대로 나올 수 없는 미로가 있었다. 그 미로에는 머리는 황소이며 몸은 사람인 괴물, 미노타우로스가 갇혀 있었다. 크노소스 궁전의 미노스 왕은 아테네에서 자신의 아들이 사고로 죽자 아테네 측에 그 책임을 물어 미노타우로스의 제물로 일곱 명의 청년과 일곱 명의 처녀를 바칠 것을 요구했다. 그러자 아테네의 왕자 테세우스는 사람을 잡아먹는 괴물을 물리치겠다며 미로에 들어갈 것을 스스로 청했다. 크레타의 공주 아리아드네는 크레타에 도착한 테세우스를 보고 반해 미로 설계자에게 탈출 방법을 알아내 테세우스에게 알려 주었다. 아리아드네가 테세우스에게 알려 준 크노소스 미로의 열쇠는 바로 실타래. 테세우스는 미로의 입구에 실을 묶어 놓고 실을 풀며 들어갔다가 괴물을 물리치고, 실을 따라 미로 밖으로 무사히 나올 수 있었다.

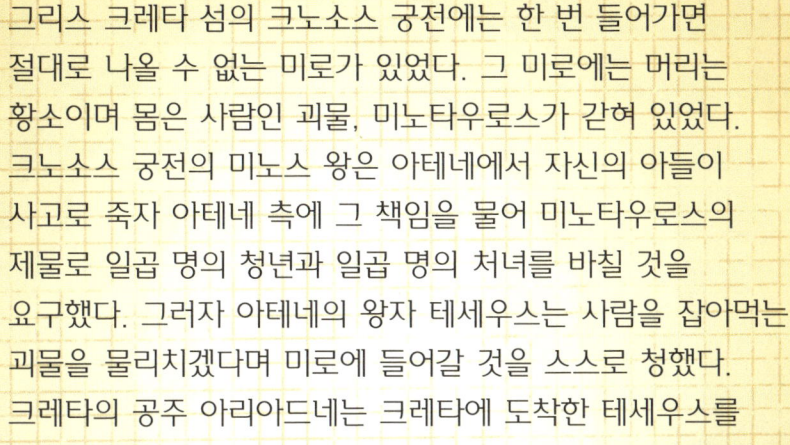

1
해골 미끄럼틀에 당첨될 확률 약 33.3%

 여기는 고스트 워터 파크. 빨강, 노랑, 분홍, 연분홍, 형광 주황, 형광 연두……. 넓은 수영장 안에는 세상에서 가장 화려한 색깔의 수영복과 알록달록한 튜브를 든 사람들이 바글바글했어. 즐거운 비명, 웃음소리, 시끌시끌한 말소리가 투명한 천장에 부딪혀 울려 퍼졌지.
 "세상에! 여름도 다 갔는데 사람이 왜 이렇게 많아?"
 놀라서 입이 떡 벌어지고 말았어.
 "그러게. 난 복작대는 거 싫은데. 어디에 앉아서 책이나 봐야겠다."
 지한이는 벽에 붙여 놓은 의자들 쪽을 두리번거렸어.

하지만 의자는 이미 알록달록한 수건과 가방, 젖먹이 아기들이 다 차지했지 뭐야.

"오호호호호!"

등 뒤에서 이 시끄럽고 정신없는 상황에 딱 맞는 소름 끼치는 웃음소리가 들렸어.

"뭐야, 뭐야, 뭐야? 내가 나쁜 거인 마녀고, 사람들이 착한 작은 요정들이라면 커다란 국자로 뚝 떠서 요정 스프를 만들어 먹을 텐데. 보글보글. 하하, 배부르겠다."

천연덕스럽게 웃으며 끔찍한 상상을 내뱉는 비쩍 마른 아이는 **공포의 여왕 주리**야. 나랑 같은 반 친구.

주리는 얼마 전, 우리 동네에서 가장 끔찍한 인테리어를 자랑하는 미스터리 호텔에서 열렸던 요리 대회에서 일등을 해서 체코의 해골 성당에 다녀왔어. 안 그래도 공포, 유령, 귀신에 쏙 빠져 있는데, 해골 성당에 갔다 와서

더 심해졌지 뭐야.

아이고, 내가 왜 주리의 꾐에 빠져 **고스트 워터 파크**에 놀러 왔는지 몰라.

"여긴 시시하니까 패스! 고스트 워터 파크는 파도풀이 끝내주지. 이쪽이야, 앞장서."

주리는 내 등을 탁 쳤어. 하는 수 없이 쭈뼛쭈뼛 앞으로 걸어갔어. 파도풀이 주리 마음에 쏙 들었다면 내 마음에는 하나도 안 들 게 분명해. 난 공포의 ㄱ만 봐도, 유령의 ㅇ만 봐도 비명을 지를 정도로 온순하고 순진하고 착한, 무결점 순수 초딩이니까.

"얼마나 더 가야 나와?"

발을 앞으로 내딛으며 고개를 살짝 돌려 주리에게 물었어. 다음 순간, 발을 앞으로 내딛은 것이 내 인생 최대의 실수라는 걸 깨달았지. 발밑이 허전했거든. 바닥이 없는 느낌……이 아니라 진짜 바닥이 없었던 거야.

"으아악~!"

나는 안타까운 비명과 함께 끝을 알 수 없는 바닥으로 떨어졌어. 너무 놀라서 동그래진 내 눈에 맨 처음 들어온 건 심술궂은 표정의 고양이. 너무 무서워서 눈을 감은 다음에는 놀라서 눈이 동그래진 엄마와 아빠가 보였지.

엄마 아빠, 미안해요, 사랑해요…….
풍덩.
아직 살아 있군. 하지만 곧 상어 밥이 되겠지?
다행히 내 구명조끼가 나를 살려 준 것 같아. 겨우 정신을 차려 보니 내가 빠진 곳은 바다가 아니라

파도풀이었고, 그곳에 상어는 없었어.

"주리 너, 말을 해 줬어야지."

주리를 올려다보며 고래고래 소리를 질렀어.

"그럼 재미없잖아. 자, 간다."

주리도 붕 떨어졌어. 엉겁결인지 아니면 갑자기 용기가 솟았는지 지한이까지 부웅. 풍덩풍덩. 너희가 무슨 비치볼이라도 되냐? 물 위로 풍덩풍덩 떨어지게?

주리와 지한이는 몸무게 때문에 일단 물속으로 깊이 빠졌다가 고개를 내밀며 **허푸허푸** 거친 숨과 침이 섞인 물을 내뿜었어. 그런데 수영장 바닥에 머리라도 찧은 걸까? 이마에 붉은 피가 줄줄…….

"어, 피! 너희 다쳤어."

그러고 보니 내 팔에도 핏물이? 갑자기 엄청난 통증이 몰려오며 기절할 것 같았어. 나는 눈을 감고 뒤로 벌렁 누웠지.

구명조끼가 나를 강제로 일으켰어. 나는 구명조끼의 어깨를 뽕처럼 높이 올린 채 둥둥 똑바로 뜨게 되었어.

"안천재, 겁쟁이. 이건 붉은 물이야. 피가 아니라고."

주리의 입가에 스치는 저 웃음은 남자의 자존심을 쓰나미처럼 무너뜨리는 비웃음? 그 순간 나는 굳게 결심했지. **복수할 거야.** 더 더 더 무서운 걸로 꼭 복수할 거야. 화르르 마음을 불태우고 있는데, 집채만 한 파도가 철썩철썩 몰려오며 나를 들었다 놓았다 반복했지. 처음에는 토할 것처럼 어지러웠는데 조금 버티니 의외로 재미있었어. 나는 나쁜 파도에 몸을 맡기고 주리를 향한 복수를 상상했어. 상상만으로도 짜릿했지.

파도풀에 몸이 거의 적응될 무렵 주리가 지한이와 나를 끌어당겼어.

"이제 시시하다. 우리 **해골 미끄럼틀** 타러 가자."

주리는 입을 쩍 벌린 해골 앞으로 우리를 끌고 갔어. 해골 위로는 사다리타기와 비슷한 모양의 미끄럼틀이 꼬불꼬불

붙어 있었어.

"저기 위로 올라가면 미끄럼틀 입구가 3개 있어. 운이 나쁘면 2개의 평범한 미끄럼틀을 타고, 운이 좋으면 해골의 입속을 통과해 나오는 거야."

설마, 그 반대겠지.

"가자."

주리는 우리가 말 잘 듣는 강아지라도 되는 양, 질질 끌고 다녔어.

"어떤 일이 일어날 수 있는 가능성의 정도를 확률이라고 하는데, 내가 해골 미끄럼틀에 당첨될 확률을 백분율로 나타내면 3.33333……%야. 소수점 둘째 자리에서 반올림하면 약 33.3%. 해골이 아닌 일반 미끄럼틀에 당첨될 확률은 약 66.7%. 음, 나쁘지 않아."

지한이는 미끄럼틀에서 눈을 떼지 않으며 중얼거렸어. 나는 해골 입속으로 떨어질 걱정은 하지 않았어. 그래도 미끄럼틀 위에 서고 보니 똥꼬가 간질거리긴 했어.

"난 골랐어."

지한이가 맨 먼저 미끄럼틀을 골라잡았어.

"나도."

주리도 골랐어. 하는 수 없이 나는 남은 하나에 앉았어.

평소의 운을 믿고, 흐읍!

으아아악! 찢어지는 비명과 함께 매끄러운 미끄럼틀 아래로 떨어졌어. 누가 해골 입속으로 들어갔을까? 하필이면 나, 그날만 운이 징그럽게 좋았어.

해골 미끄럼틀에 당첨된 사람은?

사다리타기는 위에서부터 내려가다 가로선을 만나면 가로로, 세로선을 만나면 세로로 내려가야 해. 그러면 한 사람이 하나의 결과를 선택하게 되지. 그 이유는 사다리타기가 일대일 대응이 되는 함수이기 때문이야.

함수란, 어떤 수 x의 값이 정해지면 그에 따라 y의 값이 정해지는 관계를 말해. 사다리타기는 이런 함수 중에서 x의 값이 하나로 정해지면 그에 따라 y의 값도 하나로 정해지는 일대일 대응 함수야. 해골 미끄럼틀도 사다리타기 모양이기 때문에 지한, 주리, 천재 셋 중 한 명은 해골 입속으로 떨어지게 돼 있어. 출발점 하나와 도착점 하나가 반드시 만나기 때문이야. 출발점이 3개면, 도착점도 반드시 각각 3개야. 물론 3개의 도착점 중 어떤 것이 누구의 도착점인지는 내려와 봐야 알 수 있겠지?

오싹한 귀신 미로를 탈출하는 방법

"아이고, 어지러워. 그만 집에 가자."
 시작부터 끔찍했던 물놀이 때문인지 금세 힘이 빠졌어. 나는 친구들을 재촉하여 수영장을 빠져나왔어.
"밖으로 나가는 길은 여기야, 따라와."
 별생각 없이 주리를 따라가다 보니 점점 이상한 길이 나왔어. 처녀 귀신의 머리카락처럼 축축 늘어진 음산한 오솔길이었지. 마치 지난번에 '끔찍한 요리 대회'를 열었던 미스터리 호텔로 가는 길처럼 으스스했어.
"주리야, 어디로 가는 거야? 문은 반대쪽이야."
 주리는 흐흐흐 낮은 소리로 웃었어.

"거긴 들어오는 문이고, 나가는 문은 이쪽이야."

무슨 놀이공원이 들어오는 문 다르고 나가는 문 다르냐?

"짠! 이곳을 통과하면 집으로 가는 버스 정류장이 나와."

주리는 가지들이 이상하게 꼬부라지고, 잎이 축축 늘어진 귀신 나무들로 이루어진 미로 입구에 멈췄어.

"오! 제주도에도 나무들로 만든 미로가 있었어."

'미로'라는 말에 지한이는 함박 미소를 지었어. 하지만 나는 입을 비쭉 내밀고 투덜거렸지.

"거기 나무는 반듯하고, 단정했거든! 됐어, 기분 나빠. 나는 들어왔던 문으로 나갈래."

"하긴, 머리 나쁜 애들한텐 이런 미로가 좀 어렵겠지?"

뭣이라? 주리 말에 나는 약이 올라서 그만 해서는 안 될

말을 버럭 내뱉고 말았지.

"내기할래? 진 사람이 아이스크림 10개 사기."

"좋아."

아이고! 이렇게 또 내 무덤을 파고 말았어. 보기만 해도 기분 나쁜 저 미로에서 어떻게 길을 찾는담? 나무에서 주먹만 한 거미가 스르르 내려오고, 땅속에서 팔뚝만 한 지네가 슬금슬금 올라오면 어쩌지? 머리를 쥐어뜯으며 고민하는 동안, 지한이는 미로 앞에 놓인 안내문의 작은 글씨를 친절하게 읽어 주었어.

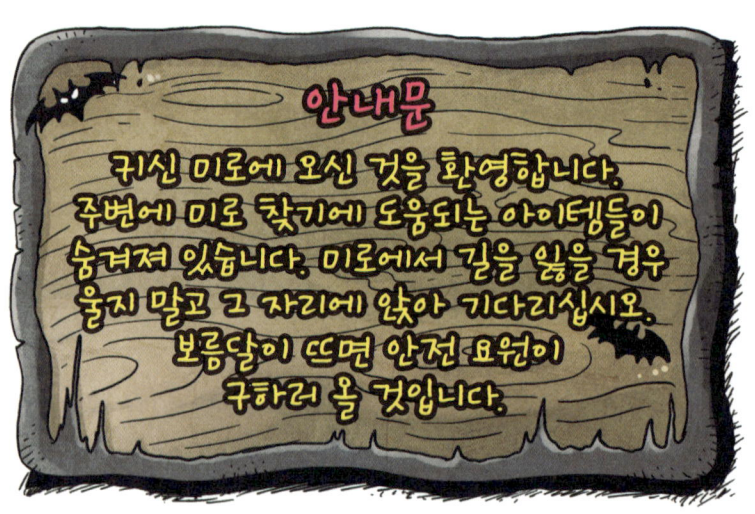

안내문

귀신 미로에 오신 것을 환영합니다. 주변에 미로 찾기에 도움되는 아이템들이 숨겨져 있습니다. 미로에서 길을 잃을 경우 울지 말고 그 자리에 앉아 기다리십시오. 보름달이 뜨면 안전 요원이 구하러 올 것입니다.

"그래도 안전 요원이 있네. 자, 필요한 사람은 아이템을

찾아 쓰도록 해. 그럼 둘이 내기 잘해. 난 먼저 갈게."

지한이는 겁도 없이 어두침침한 미로 속으로 성큼성큼 사라졌어. 좋은 방법이라도 찾은 걸까? 히잉, 나도 좀 가르쳐 주지. 우리 절친이잖아!

그 사이 주리는 미로 주변을 샅샅이 뒤지고 있었어. 좋은 아이템을 먼저 찾아내려는 게 분명해. 나도 미로 주변을 살폈지. 바로 그때 주리가 실타래를 번쩍 들었어.

"찾았다. 실만 있으면 미로 찾기는 식은 죽 먹기지. 왜 그리스 신화 이야기에 나오잖아. 멋진 남자가 실을 입구에 묶어 놓고 미로를 빠져나와 예쁜 공주와 결혼하고 뭐 이런 거."

주리는 내가 뭐라고 하기도 전에 미로 입구의 나무에 실을 단단히 묶고 미로 속으로 총총총 사라졌어. 나는 주리의 뒷모습을 멍하니 바라보았어.

주리의 뒷모습이 완전히 사라지자 나는 나쁜 마법사처럼

웃었어. **실타래라고?** 입구와 출구가 같은 미로라면 실이 도움이 되겠지. 미로의 입구에 실을 묶어 놓고 들어가면 실을 따라 밖으로 나올 수 있으니 말이야. 물론 실이 중간에 끊어지거나 모자란다면, 끔찍한 사태가 일어나겠지만.

  이 **귀신 미로**처럼 입구와 출구가 다른 미로는 실타래로 길을 찾을 수 없어. 그럼 어떤 방법을 써야 할까? 나는 오르락내리락하는 주먹만 한 거미를 보며 고민에 빠졌어. 그때 아주 키가 큰 나무가 눈에 띄었어. 다가가서 보니, 쉽게 올라갈 수 있도록 나무 기둥에 징이 박혀 있었지.

  "나무 위에서 내려다보며 미로의 지도를 그린 뒤, 삼면이 막힌 곳을 찾아 지우면 진짜 길만 남겠지? 삼면이 막힌 길은 더 이상 나아갈 곳이 없는 길이니까. 핫하하. 이게 바로 미로 찾기에 도움이 되는 진짜 아이템이야."

  끙끙거리며 나무 꼭대기까지 올라갔어. 까마득한 땅을 보면 무서워서 더는 못 올라갈까 봐 올라가는 동안 아래를 내려다보지 않았지. 하지만 꼭대기에서 미로를 내려다본 순간, 나는 너무 후회가 됐어. 중간에 아래를 내려다볼걸! 치렁치렁한 나뭇가지와 나뭇잎에 가려 미로가 안 보인다는 것을 미리 알았다면 꼭대기까지 올라오지 않았을 텐데. 온몸에 힘이 쭉 빠졌어. 그래도 어떡해! 나무 위에 계속

머물 수는 없잖아.
 힘이 풀린 팔다리를 달래 가며 아래로 내려가기 시작했어. 조심조심 한 발짝씩 아래로 내딛는데, 느닷없이 고양이 머리가 위에서 휙 나타나는 게 아니겠어?
 "이야옹."
 날카로운 바람 소리와 함께 매서운 눈빛이 번득거렸어.

으허헉. 나는 너무 놀라서 버둥거리다 그만 바닥에 쿵 하고 떨어졌어.

"이 못된 고양이. 어디서 갑자기 나타난 거야?"

엉덩이를 문지르며 버럭 소리를 질렀어. 하지만 고양이는 보이지 않았어. 둥실둥실한 파란 풍선만 하늘 높이 떠오르고 있었지. 진짜 고양이가 아니라 풍선이었을까?

분명 기분 나쁜 야옹 소리를 들은 것 같은데 뭐지? 귀신이 곡할 노릇이군.

유령에 홀린 듯 멍했지만 엉덩이를 탈탈 털고 일어나 귀신 미로로 다가갔어. 어떻게 할까? 1번. 가장 안전한 방법, 보름달이 뜰 때까지 기다려 안전 요원의 손을 잡고 나간다. 하지만 며칠을 기다려야 할지 모른다는 게 문제야. 최악의 경우 오늘이 그믐이라면, 그믐에서 보름까지는 약 15일이 걸리니까 이 귀신 같은 숲 속에서 15일을 버텨야 해. 생각만 해도 소름이 으스스! 그럴 수는 없지.

그럼 2번. 무작정 미로 안으로 들어간다.

나는 무조건 2번을 선택했어. 미로 입구에 다가가자 주먹만 한 괴물 거미가 기다렸다는 듯 나를 향해 주르르 내려왔어.

"저리 가."

나의 뛰어난 순발력으로 재빨리 거미를 피했어. 비록 바닥에 나뒹굴긴 했지만 다행히 무시무시한 독거미의 먹잇감이 되진 않았지.

휴~, 한숨을 쉬며 일어서다 왼손으로 미로의 벽을 더듬었어. 순간 머릿속에 떠오른 엄청난 사실.

"좌수법!"

드디어 미로를 빠져나갈 방법을 알아냈어. 아이템 따위는 처음부터 필요 없었어. 지한이가 용감하게 미로를 뛰어든 까닭도 바로 이 좌수법 때문이겠지?

좌수법은 왼손을 미로의 벽에 꼭 붙인 채 미로를 빠져나가는 방법이야. 왼손을 벽에서 떼지만 않으면 마침내 출구를 찾을 수 있지.

기분은 영 찜찜했지만 왼손으로 **귀신 같은 미로**의 벽을 살살 훑은 뒤 미로의 끝에 이르렀어. 환한 빛이 나를 반겼지.

"와! 나왔다. 너희는 어떤 방법을 썼어?"

나를 기다리고 있을 지한이와 주리에게 소리쳤어.

그런데 거기엔 아무도 없었어. 내 눈앞에 펼쳐진 것은 스테인레스스틸로 지은 것 같은, 매끄럽고 차가워 보이는 회색 길과 큰 건물 하나뿐이었어.

"지한아, 주리야! 어디 숨었어? 하나도 재미없으니까 빨리 나와."

내 목소리는 창문도 없는 회색 건물에 부딪혀 다시 메아리로 돌아왔어.

"얘들아, 어디 갔어? 여긴 또 어디야? 고스트 워터 파크는 정말 귀신 붙은 놀이공……."

내 혼잣말은 점점 더 줄어들었어.

머릿속에서 땀이 뻘뻘 났어. 여기는 도대체 어딜까?

내가 길을 잘못 들어서서 미로를 빠져나가는 길이 아닌, 또 다른 미로로 연결된 고약한 문으로 나와 버린 걸까? 그럼 빨리 돌아가야지. 으스스한 독거미가 우글거릴지라도 귀신

미로로 돌아가 우리 집으로 가는 길을 제대로 찾을 테다. **나는 뒤로 홱 돌았어.**

그런데 또 없었어. 방금 내가 나온, 치렁치렁한 귀신 나무로 만든 귀신 미로가 흔적도 없이 사라졌지. 도대체 나는 어디에 있는 걸까?

미로를 빠져나오는 방법, 좌수법

천재는 왼손을 미로의 벽에 대고 왼쪽 벽만 따라가는 좌수법으로 미로를 빠져나왔어. 한 손을 벽에 댄 채 떼지 않고 걸으면 복잡한 미로도 쉽게 찾을 수 있지. 하지만 모든 벽을 다 지나야 해서 시간이 좀 많이 걸린다는 단점이 있어.

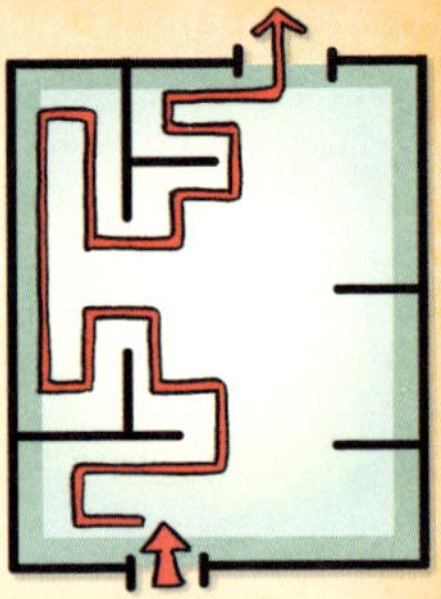

그런데 좌수법을 이용해 빠져나올 수 있는 미로는 모든 벽이 연결되어 있는 미로일 경우야. 미로 속에 벽과 연결되지 않는 떨어진 벽이 있는 경우에 좌수법을 이용하면 밖으로 빠져나오지 못하고 영원히 미로 속을 헤맬 수 있으니까 조심해야 해!

미스터리 수학
샤르트르 대성당의 미로

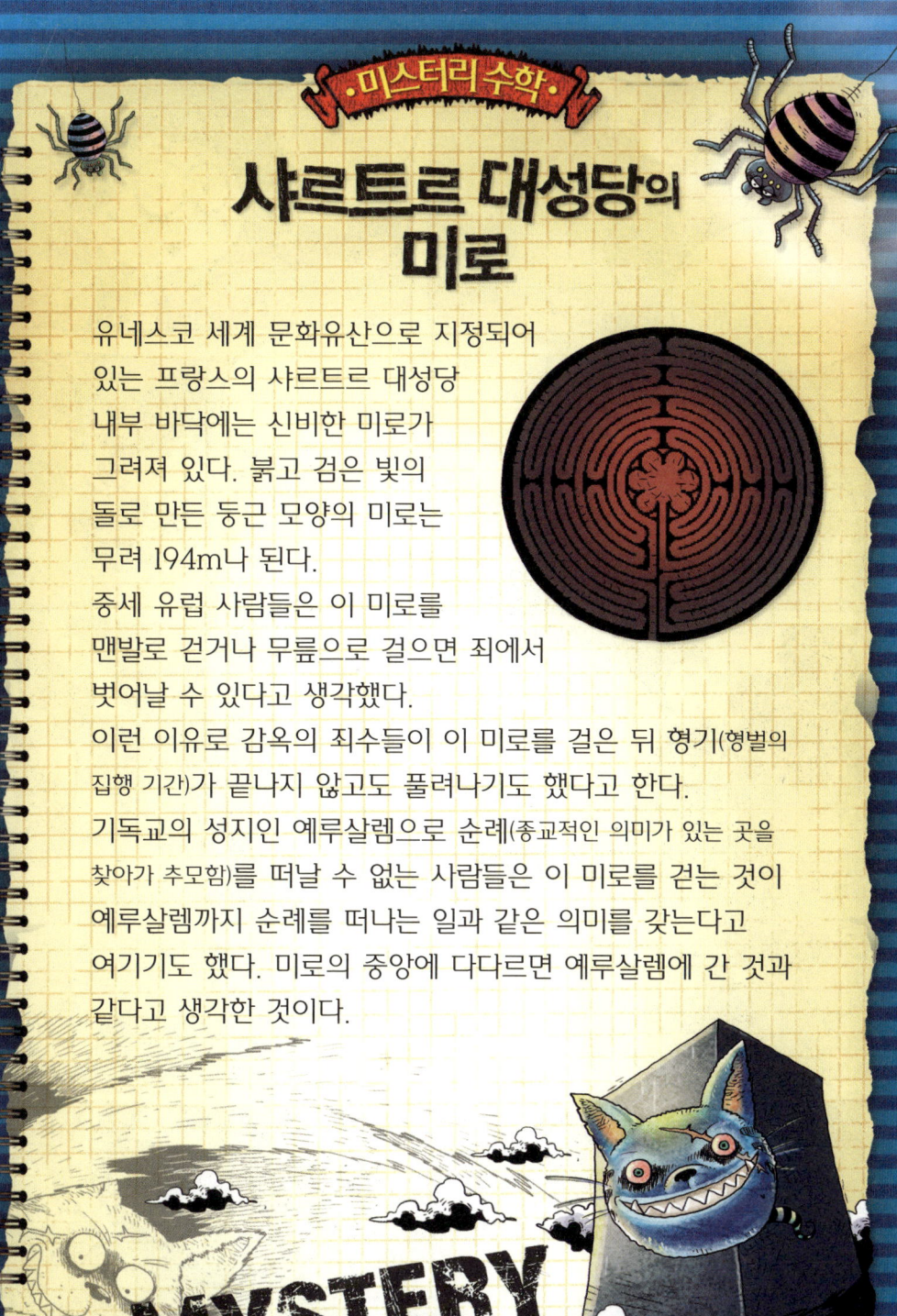

유네스코 세계 문화유산으로 지정되어 있는 프랑스의 샤르트르 대성당 내부 바닥에는 신비한 미로가 그려져 있다. 붉고 검은 빛의 돌로 만든 둥근 모양의 미로는 무려 194m나 된다. 중세 유럽 사람들은 이 미로를 맨발로 걷거나 무릎으로 걸으면 죄에서 벗어날 수 있다고 생각했다.

이런 이유로 감옥의 죄수들이 이 미로를 걸은 뒤 형기(형벌의 집행 기간)가 끝나지 않고도 풀려나기도 했다고 한다. 기독교의 성지인 예루살렘으로 순례(종교적인 의미가 있는 곳을 찾아가 추모함)를 떠날 수 없는 사람들은 이 미로를 걷는 것이 예루살렘까지 순례를 떠나는 일과 같은 의미를 갖는다고 여기기도 했다. 미로의 중앙에 다다르면 예루살렘에 간 것과 같다고 생각한 것이다.

MYSTERY

미로의 문을 여는
비밀번호를 찾아라!

캬아아웅.

　머리 위에서 괴물이 울부짖는 소리가 들렸어. 22세기 미래 도시 같은 차가운 공간에 19세기의 유물 같은 괴물 울음소리라니! 너무 이상했지만 그런 생각은 이곳에서 빠져나간 다음에 하기로! 괴물이 뾰족하고 날카로운 이빨로 내 엉덩이를 꽉 물기 전에 좀 숨어야 했어. 하지만 매끈한 길에는 어디에도 숨을 곳이 없었어.

　피할 수 없다면 맞서는 수밖에. 나는 없는 용기를 짜내어 소리가 나는 쪽을 올려다보았어.

　어? 근데 저게 뭐야? 하늘에 둥둥 떠 있는 저것은

고양이 얼굴이 둥둥 떠 있었어.

"천재?"

고양이 풍선이 눈을 부라리며 내 이름을 불렀어. 우리 동네 고양인가? 어디서 본 것 같은데. 울부짖는 소리는 무서웠는데 막상 큰 머리 풍선을 보니 은근 웃긴걸!

"뭐야?"

나는 최대한 건방지게, 하나도 겁먹지 않았다는 투로 대꾸했어.

"나, 모모 님께서 천재 인간에게 중대한 임무를 내리겠다."

"임무? 무슨 임무요?"

아이참. 여기는 어디냐? 너는 누구냐? 엉터리 같은 말에 안 넘어간다. 뭐 이런 말을 멋있게 해야 하는데, 나도 모르게 툭 튀어나온 이 순종적인 반응은 뭐냐? 이게 다 엄마 때문이야. 엄마 말을 듣지 않으면 목숨이 위태롭기 때문에 자동으로 따르다 보니, 다른 누가 뭘 시켜도 저절로 따르게 되잖아. 그래도 보고 싶다, 우리 엄마.

"저 네모반듯한 건물 보이지? 저 안에는 아주 복잡한 미로가 있어. 천재 정도는 돼야 길을 찾을 수 있지. 저 미로 속에 들어가 내 보물을 찾아와. 그럼 집으로 보내 주겠다."

일단 건물로 다가갔어. 건물에서는 웅웅웅 기분 나쁜 소리가 났어. 마치 내가 다가가는 게 싫은 것처럼 말이야. 가까이에서 보니 건물은 커다란 금고처럼 보였어. 문은 잠겨 있고 비밀번호 같은 게 붙어 있었거든.

"일단 문을 열어 줘 봐요."

딱히 미로를 통과해 보물을 찾고 싶었던 건 아니야. 하지만 진짜 거인의 금고라면 소원을 들어주는 마법 램프가 들어 있을지도 모르니 물어나 본 거지.

"문이 잠겼어."

고양이 풍선의 목소리가 조금 갈라졌어.

"문을 열어 줘야 미로를 찾든지 말든지 하죠."

"그걸 여는 것부터가 네 임무의 시작이야."

아이고! 한숨이 푹 나왔어. 이건 분명 꿈일 거야. 그것도 악몽. 꿈이 분명하니까 더는 고생하지 말자. 언젠가는 잠에서 깰 거야. 나는 자리에 털썩 주저앉았어.

"싫어요. 난 안 할래요. 내가 안 하면 어떻게 되죠?"

"평생 여기서 살아야지."

"쳇, 이건 꿈이라고요. 결국 깨게 되어 있어요."

"꿈이 아니야. 여긴 유령 세계고 네 힘으로는 절대 인간 세상으로 돌아갈 수 없어."

"쳇, 그 말을 어떻게 믿어요? 꿈에서는 원래 아무 말이나 막 나오게 돼 있어요."

캬웅, 고양이 머리는 큰 얼굴을 부르르 떨며 울부짖었어.

"꿈이 아니라는 걸 증명해 봐요."

"요즘 누군가 널 지켜보고 있다는 느낌 안 들었어? 그게 바로 나야. 난 미로에서 보물을 가지고 나올 수 있는 천재를 찾기 위해 인간 세상을 헤맸지. 고양이로 변해서 말이야. 그러다 사람들이 입을 모아 천재라고 부르는 아이를 발견했어. 그게 바로 너! 더 확실하게 확인하기 위해 너와 같이 고스트 워터 파크에 왔던 남자아이와 여자아이에게 천재가 누구냐고 물어봤지. 그러자 그 아이들은 조금도 망설이지 않고 너라고 대답하더군. 그래서 내가 그 둘은 먼저 집으로 날려 버리고 너만 이리로 데려온 거야. 알겠어?"

"난 이름만 천재예요. 그것도 안천재라고요. 진짜 천재는 당신이 집으로 보낸 진지한이에요."

"뭐야? 그 깜찍한 애들이 나를 속였단 말이야?"

"엄밀히 말하면 내 친구들이 고양이 님을 속인 게 아니라 고양이 님이 스스로 속았네요. 아무튼 난 천재가 아니니까 그만 가도 되겠죠?"

"안 돼. 진짜 천재는 벌써 가 버렸잖아. 가짜 천재라도 상관없어. 내 보물 찾아와."

고양이 머리가 버럭 소리를 질렀어. 썩은 생선을 먹었는지 고약한 입 냄새가……. 하마터면 기절할 뻔했어.

"얼른 저 문을 열고 안에 들어가. 당장 내 보물을 찾아오라고오오. 캬웅캬우웅."

고양이 머리는 고약한 입 냄새가 나는 커다란 입을 또 쩌억 벌리고 나를 삼킬 듯 머리를 흔들어 댔어. 차라리 미로 속이 안전하겠다 싶었지.

"아, 알았어요. 근데 힌트 같은 거 없어요?"

"없어. 이 건물 안에는 미로가 있고, 그 가운데에 보물이 있을 거야. **작은 유리병**에 든 보물이지. 그걸 무사히 들고 나와. 미로 찾기에 필요하다는 물건들을 좀 구해 놨으니

여기서 필요한 걸 하나만 가져가. 네가 못 나오면 다른 천재를 구해 써먹어야 하니까 딱 하나만 가져가."

고양이 머리 유령은 덥수룩한 머리털 속에서 날이 시퍼런 도끼, 종이와 연필, 삼각자 세트, 실타래를 꺼내 나에게 보여 주었어.

그런데 실타래는 아까 주리가 가져간 것과 똑같았어. 주리는 어떻게 되었을까? 내가 머뭇거리자 **고양이 유령**이 캬아웅 울부짖었어.

때론 모르는 게 약이야. 묻지 말자. 나 대신 고양이 머리가 복수해 줬다면 땡큐지 뭐.

나는 실타래를 고르고 비밀번호를 살펴보았어.

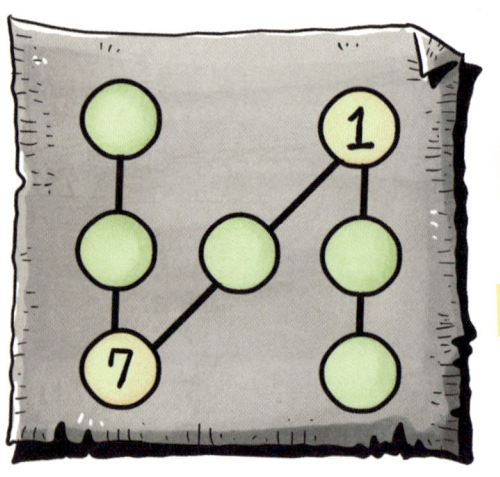

① 1부터 7까지의 수를 한 번씩 사용해야 한다.

② 같은 줄에 있는 세 수의 합은 같다.

 자연수를 한 번씩 늘어놓는다? 이거 마방진 같은데?
 마방진은 마법처럼 신기한 수의 배열이야. 자연수를 겹치지 않게 늘어놓는데, 가로, 세로, 대각선의 합을 같게 늘어놓는 거야. 한때 마방진에 열광했던 나는 마방진의 천재라고 할 수 있지. 가로세로 각각 3칸의 정사각형에 1부터 9까지의 수를 배열하는 마방진 같은 건 눈 감고도 할 수 있으니까.
 이번 경우는 그보다는 조금 어렵지만, 내 분신 같은 스마트폰을 꺼내 메모를 하며 풀면…… 금방 풀 수 있을 줄 알았는데, 시간이 조금 걸리는구나.

"도, 와, 줘, 요. 마방진!"

 장난스럽게 중얼거리며 마방진을 풀었어. 그런데 갑자기 주변의 공기가 와르르 흔들리더니 둥실둥실 솜사탕 같은 게 내 옆으로 떠올랐어.
 "왜, 왜, 왜? 천재, 천재, 안천재야, 무슨 일이야? 날 왜 불렀어?"
 "헉, 누구세요? 이번에는 솜사탕 유령?"
 "나야, 나. 유령 세계에 일어나는 아리송송한 사건들을 뛰어난 머리와 수학 실력으로 해결하는 유령 탐정계의 샛별, 탐정 유령 마방진! 우리 천재, 날 왜 불렀어? 보고

싶었쩌? 나두."
 나는 슬금슬금 뒤로 물러났어. 그런데 솜사탕 유령은 다짜고짜 내게 달려들어 끈적끈적한 입술을 내 볼에 대고 쪼오옥 뽀뽀를 했어. 으웩! 토가 나오려는 순간 마방진에 대한 기억들이 주르르 떠올랐어.

 유령 세계에 사건이 일어날 때마다 나를 찾아와 사건 해결을 도와 달라며 들들 볶던 철없는 탐정 유령 마방진. 자기가 다 해결하겠다고 큰소리를 땅땅 치고는 어려운 사건은 다 나한테 떠넘겼지.

 <u>탐정 유령</u> 때문에 유령 세계를 몇 번이나 넘나들었고, 초등학생으로서는 감당하기 어려운 복잡한 일들에 휘말렸었어. 다시는 복잡한 일들에 휘말리고 싶지 않았는데 또, 만나고 말았구나. **아아, 가련한 운명의 장난이여!**

마방진으로 비밀번호 풀기

본문에 나오는 비밀번호는 마방진을 응용한 문제야. 마방진은 여러 개의 자연수를 한 번씩 써서 가로, 세로, 대각선 등의 합을 같게 만드는 문제지. 우리에게 익숙한 정사각형 마방진뿐 아니라 여러 가지 모양으로 응용하여 문제를 만들 수 있어. 본문의 비밀번호 마방진에서는 1부터 7까지의 숫자를 사용했어. 먼저 1부터 7까지의 숫자를 나열해 봐.

여기에서 힌트는 이미 쓰여 있는 숫자 1과 7이야. 마방진 표의 가운데 칸 숫자를 알기 위해, 두 수씩 합이 같도록 묶어 보면 1+7=8, 2+6=8, 3+5=8이므로 가운데 칸에는 남은 4를 넣어야 해. 대각선으로 1과 4와 7의 합이 12이므로 나머지 칸도 세 수의 합이 12가 되도록 숫자를 넣으면 문이 열려.

거울 미로에서 길을 잃다

비밀번호를 누르자 건물의 문이 스르르 열렸어.
"어서 들어가, 보물을 찾아와."
고양이 머리 유령은 숨을 헐떡거리며 소리쳤어. 하지만 탐정 유령이 막았어.
"잠깐! 미로 건물에서 길을 잃고 못 나오면 어떡해?"
"그러게요. 미로에 들어가면 영영 못 나올까 걱정, 보물을 못 찾으면 집에 못 갈까 걱정."
한숨을 푹푹 쉬며 말하던 내가 좋은 방법을 생각했어.
"아! 탐정 유령님이 나를 당장 우리 집으로 데려다주면 되겠다. 탐정 유령님은 유령 세계와 인간 세상을 마음대로

드나들 수 있는 능력자잖아요."

일부러 탐정 유령을 잔뜩 치켜세웠지. 그런데 탐정 유령은 이마를 찌푸리며 뒤로 물러나는 거 있지!

"그건 좀 곤란해. 사실……, 내가 작은 사고를 치는 바람에 유령 탐정 면허를 정지당했거든. 당분간 인간 세상을 자유롭게 왔다 갔다 할 수 없어."

역시 도움 안 되는 유령이야. 근데 왜 자꾸 나타나는 건데?

"어쨌든 미로 건물에 들어가는 건 위험해. 보물을 만지면 펑 터진다거나 보물을 꺼내면 미로 건물이 와르르 무너져

우리가 깔리면 어떡해. **이봐, 왕 큰 고양이 머리!** 보물이 도대체 뭐야? 안 가르쳐 주면 안 갖다 줄 테야."

탐정 유령은 하늘을 쳐다보며 호기롭게 물었어. 고양이 머리는 카웅 울부짖으며 험상궂게 굴었지.

"알 것 없어. 유리병이니 깨지지 않게 잘 들고만 오면 돼. 그리고 내 이름은 **모모령**이야. 날 고양이 머리 따위의 상스러운 이름으로 부르는 것은 '모모'라는 멋진 이름을 지어 준 우리 할아버지를 모욕하는 거야, 알았나?"

역시 고양이 머리, 아니 모모령은 만만치 않았어. 하지만 탐정 유령도 결코 밀리지 않았지.

"모모든 고양이든 괭이든 간에 말이야. 뭔지도 모르는 보물 때문에 우리 목숨을 위험하게 할 수 없어."

"보물을 가져오지 않으면 진짜 목숨이 위험해질걸."

정말 실감 나는 악당 유령들의 대화야. 누가 이길까?

"걱정 마. 난 목숨이 사라진 지 오래니 위험할 일도 없어."

탐정 유령은 팔짱을 끼고 벽에 기대어 다리를 떨었어.

"그렇다면 유령 노릇조차 영영 못하게 해 주지. 푸푸푸우."

고양이 유령은 썩은 냄새가 나는 숨을 훅 불었어. 냄새가 어찌나 고약한지 숨이 턱턱 막혔어. 손으로 코를

틀어막았어.

"천재야, 그냥 들어가자. 별것도 아닌 미로 때문에 못생긴 고양이랑 싸울 게 뭐 있니! 응가가 무서워서 피하니, 더러워서 피하지."

"쳇! 무서워서 피한 거 다 알거든요."

나는 미로의 입구에 실을 묶으며 작게 투덜거렸지.

"촌스럽게 실이 뭐니? 안천재, 역시 넌 천재가 아니야. 옛날이야기에나 나오는 방법으로 미로를 빠져나가려 하다니!"

탐정 유령이 나를 무시했어.

"그러는 유령 형님은 뭐 다른 방법 있어요?"

"짠, 내가 고양이인지 모모인지 하는 녀석이 한눈파는 사이에 이 삼각자와 컴퍼스를 챙겼지. 삼각자와 컴퍼스로 미로 지도를 그린 다음에 쫙 펼쳐 놓고 삼면이 막힌 부분을 지우면 돼. 그러면 길이

딱 보인다고. 그게 바로 수학이야."

"**미로 지도**는 어떻게 그릴 건데요? 그려야 지우든지 말든지 하죠."

"어, 그런가? 그럼 이것들은 호신용으로 쓰지 뭐."

나는 오른손에는 실이 감긴 얼레를 들고 왼손은 벽에 댄 채 미로 안으로 들어갔어. 귀신 미로 때처럼 좌수법을 쓰려고. 탐정 유령은 볼록하게 튀어나온 배에 컴퍼스와 삼각자를 쑤셔 넣고 내 뒤를 따랐지.

우리가 들어간 미로는 천정과 바닥, 벽이 모두 거울로 되어 있었어. 어떤 길에서는 내가 3개, 어떤 곳에서는 4개, 어떤 길에서는 5개로 보였지. 내 편인 탐정 유령이 방해가 될 정도로 헷갈렸어. 탐정 유령이 괴물인 줄 알고 깜짝 놀란 게 한두

번이 아니었다고.

우리는 어디가 길인지 확인하고, 누가 진짜 나인지, 탐정 유령인지 확인하느라 헤엄치듯 두 손을 허우적거렸어. 그러다 문득 깨달았어.

"손을 뗐어요."

눈물이 날 것 같았어.

"뭐라고?"

벽에 부딪힌 뒤 바닥에 떨어진 탐정 유령이 나를 올려다보며 물었어. 아니 천장에 부딪힌 뒤 벽에 붙은 건가? 거울 미로는 내 눈으로 본 것을 전혀 믿지 못하게 만들었으니까.

"좌수법으로 길을 찾으려 했는데 벽에서 손을 떼고 말았어요. 허엉. 이젠 어떡해요."

"괜찮아. 어차피 좌수법으로는 찾기 어려웠을 거야. 좌수법은 모든 벽이 이어져 있을 때 길을 찾을 수 있어. 하지만 보물을 숨긴 미로라면 가운데에 벽과 떨어진 기둥을 세워 보물을 숨겼을 거야. 그럴 때 좌수법을 쓰면, 괜히 같은 길만 계속 돌다 지치고 말지."

맞아. 그렇지. 맨날 뻐긴다고 구박했는데, 탐정 유령의 수학 실력도 쓸 만하군!

"아무튼 걱정 마, 천재야. 우린 나갈 수는 있으니까. 우리에겐 네가 준비한 <mark>원시적 도구인 실</mark>이 있잖아. 보물을 못 찾아도 살아 나갈 순 있잖아. 하하하하."

우리는 서로를 보며 한참 동안 웃었어. 너무 웃어서 눈물이 질끔 나오지 뭐야. 그런데 이 눈물, 진짜로 웃겨서 나오는 거니, 슬퍼서 나오는 거니?

거울의 각도와 상의 개수와의 관계

천재는 거울 미로에 들어갔을 때, 거울에 자신의 모습이 3개, 4개 등으로 달라 보여서 당황했어. 그건 두 거울 사이의 각도에 따라 물체가 보이는 수가 다르기 때문이야.

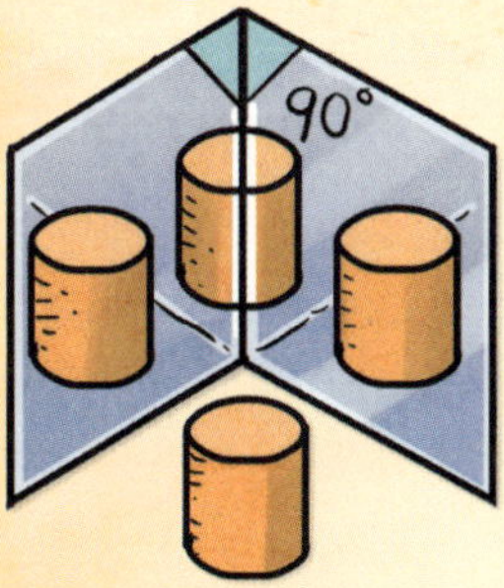

⇨ 상이 3개로 보임 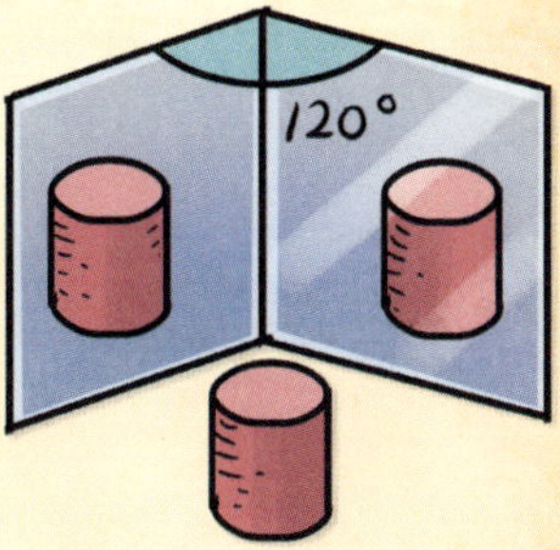   ⇨ 상이 2개로 보임

두 거울 사이의 각도에 따라 변하는 상의 수 $= \dfrac{360}{(각도)} - 1$

두 거울 사이의 각도가 60°일 때 보이는 물체의 상은 5개, 90°일 때는 3개, 120°일 때는 2개로 보여. 거울을 2개 놓고 직접 비춰 보면 쉽게 알 수 있어.

미로에서 튀어나온 괴물의 정체는?

반질반질한 거울 벽을 손으로 꾹꾹 눌러 지문을 찍으며 걸었어. 내가 지나온 길을 지문으로 표시하려는 거야. 동화 속에 나온 헨젤처럼 현명했다면 하얀 조약돌을 주워 왔을 텐데. 아무 준비 없이 왔으니 내 몸을 이용하는 수밖에!

"탐정 유령, 여긴 미로의 나쁜 조건이란 조건은 다 갖춘 것 같아요."

내 말에 탐정 유령은 고개를 세차게 흔들었어.

"천만에! 괴물! 끔찍한 미로의 필수 조건인 괴물이 아직 안 나왔잖아. 분명 무시무시한 괴물이 툭 튀어나올 거야."

탐정 유령의 목소리는 너무나 경쾌했어. 마치 괴물이

나타나기를 기다리는 유령처럼. 너무 얄미워서 쏘아붙였지.
"괴물이 나오면 탐정 유령님을 제물로 바칠게요. 여긴 유령 세계니까 괴물 입맛에도 유령이 더 잘 맞을 거예요."
"싫어, 싫다고!"
탐정 유령은 해파리 괴물처럼 내 얼굴로 달려들었어.
"비켜요. 앞이 안 보이잖아요."
진드기처럼 내 얼굴에 찰싹 달라붙은 탐정 유령을 억지로 떼어 냈어. 그러자 공룡만큼 커다란 개 한 마리가 떡하니 나타났어. 내 손바닥만 한 혀를 쭉 내밀고 침을 뚝뚝

흘리며…….

"헉! 괴물 개!"

정신없이 도망쳤어. 다다다다, 괴물 개는 발자국 소리도 요란하게 쫓아왔지.

"천재야. 왜, 왜, 왜? 무슨 일이야?"

탐정 유령도 전속력으로 내게 달려왔어. 다음 순간 유령과 인간 어린이와 괴물 개는 서로 엉킨 채 쓰러지고 말았지. 질끈 눈을 감았어. 괴물 개가 내 코를 할짝할짝 핥았어. 따뜻하고 부드럽고, 무엇보다 아주 작은 혓바닥. 슬그머니 눈을 떴어.

"뭐야? 작은 강아지잖아? 왜 크게 보였지?"

우리는 강아지가 뛰쳐나온 미로를 살펴보았어. 비밀은 오목 거울이었어. 작은 개가 오목 거울에 확대되어 아주 크게 보인 거야.

"미로 안에 웬 강아지야?"

나는 강아지를 안았어. 머리를 쓰다듬으니 강아지는 헥헥 귀여운 숨소리를 냈어.

"내가 마음에 드니?"

강아지를 꼭 안았어. 나는 강아지를 참 좋아해. 키우고 싶어서 엄마한테 몇 번이나 얘기했지. 그때마다 엄마는 말했어.

"좋아. 하지만 엄마 인생에 키우는 건 딱 하나야. 그게 강아지라면 너는 그만 나가 줘야겠다."

거울 미로에 갇혀 영영 인간 세상으로 돌아가지 못하면 엄마는 나대신 강아지라도 키울까? 눈물이 주르르 흘렀어. 강아지는 내 눈물을 할짝할짝 핥았지. 그러더니 미로 속으로 막 뛰어가기 시작했어.

멍멍.

따라오라는 듯 돌아보며 짖기도 하고.

"뭐지?"

"따라가 보자. 저 강아지는 여기에 오래 있었으니 미로에 대해 아는 게 더 많겠지."

탐정 유령이 먼저 강아지를 쫓아갔어. 나도 뒤를 쫓았어. 강아지는 꼬불꼬불한 미로 속을 잘도 뛰었어. 한 번도 머뭇거리지 않았어.

마침내 강아지가 우리를 데려간 곳은 미로 한가운데에 있는 보물 방이었어. 방 한가운데에 있는 투명한 상자 속에 미로 유령이 말한 작은 유리병이 들어 있었지.

"와! 네가 찾았구나! 정말 똑똑한걸. 유령계의 최고 두뇌라는 마방진 탐정 유령보다 백 배 낫구나!"

나는 강아지의 복슬복슬한 털에 내 볼을 비볐어.

"안천재, 강아지는 그만 내려놓고 저 병을 꺼내시지. 집에 빨리 돌아가야지."

탐정 유령의 목소리가 뾰로통했어. 설마 강아지한테 질투하는 거야? 생각해 보니 탐정 유령은 예전에도 질투를 좀 했었던 것 같군. 하하. 나는 탐정 유령을 놀리려고 강아지를 더 꼭 껴안았지.

"나를 구한 건 바로 너야, 멍멍이. 탐정 유령은 자기가 해결하겠다면서 항상 큰소리만 치고 결국에는 나를 위험에 빠뜨린단다."

"안 나갈 거야? 그럼 나 혼자 간다."

탐정 유령은 내 실타래를 들고 실을 뱅뱅 감으며 나가 버렸어. 자기가 챙겨 온 삼각자와 컴퍼스는 내동댕이치고 말이야.

"탐정 유령! 혼자 가면 어떡해요. 실이 없으면 난 못 나간다고요."

보물 상자를 열면서 소리쳤어. 그런데 이게 웬일이야? 보물 상자가 열리지 않는 거야. 자세히 보니 상자 모서리가 끈적끈적했어. 이물질 때문에 상자와 뚜껑이 붙은 거야. 문제의 이물질은 다름 아닌, 멍멍이의 오줌. 으웩!

"여기에 쉬를 하면 어떡해!"

멍멍이는 내 속도 모른 채 또 한쪽 다리를 들어 올렸어. 탐정 유령이 놓고 간 삼각자에 쉬를 하려는 것 같았어. 나는 재빨리 삼각자를 가져왔지. 그러고는 삼각자와 컴퍼스의 날카로운 끝 부분을 이용해 모서리에 붙은 이물질을 긁어냈어. 냄새는 고약했지만 다행히 상자는 열렸어. 탐정 유령이 엄청난 수학 문제를 풀 것처럼 가져왔던 삼각자와 컴퍼스는 정말 어이없이 요긴하게 쓰였지.

겨우 뚜껑을 열었지만 보물은 그렇게 쉽게 내 손에 들어오지 않았어. 또 다른 문제가 나를 기다리고 있었거든.

> 보물을 가져가려면, 보물과 똑같은 무게의 추를
> 보물 유리병 자리에 놓아라.
> 유리병의 무게는 340g, 추의 무게는 A는 50g,
> B는 A의 3배, C는 B의 $\frac{1}{2}$, D는 C의 20%.
> 상자 뚜껑이 열리고 10초 안에 추를 놓지 않으면
> 이 미로는 폭발할 것이다.

상자 뚜껑에 쓰인 메모를 보자마자 불평할 새도 없이 옆에 쌓인 추들을 살펴보았어. A부터 D까지 추가 나열되어 있었지.

　내게 주어진 시간은 10초. 이 생각을 하는 중에도 벌써 1초가 지났을 거야. 나는 재빨리 암산으로 추를 고른 뒤 유리병을 들어 올리고 추를 내려놓았어. 너무 떨려서 숨이 멎을 것 같았어. 간신히 숨을 쉬며 기다리는데 다행히 아무것도 폭발하지 않았어.

　음하하하. 드디어 보물을 손에 넣었다!
　나는 한 손에는 보물 유리병을 들고, 한 손으로는 강아지를 품에 안고 뛰어나갔어. 탐정 유령이 날 두고 진짜로 혼자 나가지는 않았겠지? 갈림길 앞에서 숨어 있겠지?
　갈림길 앞에는 아무도 없었어.
　"뭐야? 진짜 가 버리면 어떡해? 사랑한다고 어쩌고 그럴 때는 언제고……."
　갑자기 머릿속이 하얘졌어. 잡히기만 해 봐. 가만두지 않을 테야. 나, 안천재! 당분간 **복수**하느라 좀 바쁘겠는걸.

유령 세계에서 먼저 마방진을 혼내 준 다음 인간 세상으로 돌아가 주리를 혼내 줘야지. 나를 골탕 먹인 만큼 꼭 갚아 줄 테야.

"마방진, 정말 이럴 거예요?"

발을 동동 구르며 외쳤어.

한참 뒤 마방진의 목소리가 들려왔어.

"천재야, 나도 내가 어딨는지 모르겠어. 너를 골탕 먹이려고 했는데, 내가 골탕 먹고 있어. 너한테 가는 길을 찾을 수가 없어. 내 목소리를 듣고 내가 있는 곳으로 찾아와 줘. 내가 계속 소리를 지르고 있을게. 천재야, 안천재, 내 친구 천재, 귀여운 초딩 아이. 나는 마방진, 유령 세계 최고의 탐정 유령, 잘생긴 유령……."

마방진은 직접 지은 것이 분명한, 듣기 거북한 노래를 불러 댔어.

나는 갈림길에서 오른쪽으로 귀를 기울이고, 왼쪽으로 귀를 기울이며 소리가 나는 곳을 찾았어. 그래도 탐정 유령이 있는 곳을 알 수 없었지.

"어쩌지? 멍멍아. 우리 둘이 여기 갇히게 생겼다."

멍멍. 멍멍이가 날 보며 짖었어. **똥 마려운 강아지**처럼 끙끙거리더니 내 품에서 풀쩍 뛰어나갔지. 멍멍이는

쏜살같이 달렸어.

"어디 가? 길 잃으면 안 돼."

앞뒤 살필 겨를도 없이 멍멍이를 쫓아갔어. 이 끔찍한 미로 속에 멍멍이를 홀로 남겨 둘 순 없어. 나가더라도 같이 나가고 갇혀 있더라도 같이 있어야지.

"멍멍아, 기다려."

멍멍이는 멈추지 않았어. 신나게 뛰어가 탐정 유령 앞을 쏜살같이 지나갔지.

"탐정 유령, 멍멍이를…… 일단 쫓아요."
나는 멍멍이를 쫓아 달렸어.
"이러다 완전 길을 잃는다고."
탐정 유령도 소리치며 따라왔어.
아! 그런데 저 앞에 보이는 빛은? 세상에! 우리는 멍멍이를 따라 거울 미로의 출구로 나오게 되었어.

유리병과 추의 무게를 똑같이 만들기

유리병의 무게는 340g이고, 추 A의 무게는 50g이야. 상자 뚜껑의 메모에 적힌 조건에 따라 나머지 추의 무게를 다음과 같이 생각해 볼 수 있어.

A: 50g  = 50g
B: A의 3배면, $50 \times 3 = 150$(g)  = 150g
C: B의 $\frac{1}{2}$이면, $150 \times \frac{1}{2} = 75$(g) = 75g
D: C의 20%면, $75 \times \frac{20}{100} = 15$(g) = 15g

유리병의 무게 340g과 무게가 같아지려면, 추를 다음과 같이 올려놓으면 돼.

A(50g)+A(50g)+B(150g)+C(75g)+D(15g)=340g

스토리텔링 수학

그래프로 변신한 복잡한 지도

"보물은? 어딨어? 얼른 내놔."
 건물 밖으로 나오자마자 고양이를 닮은 키 작은 남자가 달려들었어. 남자는 다짜고짜 내 몸을 더듬었지. 나는 보물 유리병을 등 뒤로 감추며 물러섰어.
 "왜 이러세요? 누구세요?"
 "나야, 나."
 고양이를 닮은 남자가 험상궂은 표정을 지었어.
그러자 하늘에 둥둥 떠 있던 고양이 머리 풍선과 똑같았어. 고양이 머리 풍선과 고양이를 닮은 남자는 둘 다 모모였어. 나를 겁주려고 고양이 머리 풍선으로 변신해 하늘에 둥둥

떠 있었던 거야. 쳇!

"어? **멍멍이**도 데리고 나왔구나! 얘는 원래 내가 키우던 개인데, 보물을 지키라고 내가 미로 속에 넣어 놨던 거야. 멍멍, 보물은 잘 지키고 있었냐?"

"뭐라고요? 저 미로 안에 멍멍이가 있는 걸 알고 있었다고요? 멍멍이가 미로를 빠져나오는 길을 알고 있다는 사실도 알았다고요?"

모모령은 큰 소리로 웃었어.

"천재라더니 바보 아니야? 개가 길을 알고 말 게 어딨어? 개는 냄새를 엄청 잘 맡으니 아무리 꼬불거리는 미로라도 냄새로 출구를 찾겠지. 아무튼 누군가 위험을 무릅쓰고 미로 안으로 들어가 줘야 보물을 들고 나올 거 아니야? **수고했다, 두 바보들.** 그리고 멍멍, 너는 보물 지키는 임무는 완수했으니 다시 내게 충성하도록 해."

모모령은 멍멍이의 머리를 거칠게 쓰다듬었어. 그런데 멍멍이는 고개를 번쩍 들더니 모모령의 손가락을 꽉 깨물고 내 품으로 달려드는 게 아니겠어?

"이 녀석이! 살아 있을 때도 말썽만 부리고 내 말은 죽어라 안 듣더니 유령이 돼도 똑같아! 어서 이리 와."

모모령은 약이 올라 펄쩍펄쩍 뛰었어. 그러자 멍멍이는

내 품속으로 더 깊이
파고들었어. 아무래도
모모령과 멍멍이는
사이좋은 주인과 개
사이는 아니었나 봐.
"그만 진정하세요.
멍멍이는 모모령 님한테
가기 싫은가 봐요. 하긴,

자기를 답답한 미로 속에 가뒀으니 얼마나 무서웠겠어요?
개 자존심에 고양이 닮은 주인은 섬기기 싫었을 수도
있고."

나는 멍멍이를 껴안았어.

"멍멍! 당장 이리 못 와? 개는 평생 한 주인만 섬기는
거야. 얼른 와서 앉아, 앉으라고!"

멍멍이는 모모령의 말을 못 들은 척 딴청만 피웠어. 혀를
날름날름거리는 게 꼭 메롱메롱 놀리는 것 같기도 하고!
결국 모모령은 멍멍이를 포기했어.

"됐어, 이 똥강아지 녀석, 아무한테나 가 버려. 꼬마, 넌
내 보물이나 내놔."

하지만 나는 유리병을 주머니에 깊숙이 찔러 넣었어.

"먼저 나가는 길을 알려 줘요."
"맞아."
탐정 유령도 고개를 끄덕였어.
"먼저 **보물**을 내놔."
"싫어요."
"어휴, 속고만 살았나?"
모모령은 주머니에서 종이를 한 장 꺼내 던졌어.
"이게 지도. 이걸 보고 나가는 길을 찾아."
탐정 유령과 나는 동시에 지도에 달려들었어. 그런데 지도를 보니 지금 우리가 있는 매끈한 미래 도시의 지도가

아니라 복잡한 숲 속 지도인 거야.

"우릴 속이는 거예요? 이건 여기 지도가 아니잖아요."

"그건 **마법의 숲 지도**야. 빛의 통로를 지나 마법의 숲으로 가면 인간 세상으로 갈 수 있대. 어휴, 내가 그런 것까지 친절하게 설명해야 해? **난 악당이라고!** 얼른 보물이나 주고 나가."

"싫어요. 우리가 무사히 나갈 때까지 절대 못 줘요. 빛의 통로는 어디예요?"

모모령은 갑자기 내 손목을 탁 잡았어. 너무 차가워서 깜짝 놀라 손을 뺐어.

"빛의 통로가 어디냐며?"

모모령은 다시 내 손목을 잡고 턱턱턱 미로 건물 옆으로 걸어갔어. 자세히 보니 동그란 빛이 들어오고 있었어.

"여기로 나가면 돼. 자, 내 보물 내놔."

나는 주머니에 손을 넣어 유리병을 꺼냈어. 그 순간 탐정 유령이 재빨리 그 유리병을 낚아챘어.

"뭐야!"

모모령이 소리를 빽 질렀어.

"아직은 안 돼. 유령인지 고양인지 당신! 우리와 함께 당신도 마법의 숲으로 가 줘야겠어. 유령 세계 최고의

탐정인 내 직감이 말하기를, 우리를 미로에 빠트린 당신을 믿을 수 없다는군! 자, 마법의 숲으로 가는 빛의 통로는 당신이 앞장서."

오! 탐정 유령. 좀 느끼하지만 그래도 멋있는걸.
탐정 유령의 활약으로 빛의 통로로

들어간 1번은 **모모령**, 2번은 **탐정 유령**, 3번은 인간 **안천재**와 **보물 유리병**, 그리고 **멍멍 유령**이 되었지.
　슈웅! 빛 속으로 빨려 들어갈 때 기분이

좀 이상했어. 머리카락은 하늘로 쭈뼛 섰고, 심한 경사를 만날 때마다 엉덩이는 붕 떠올랐거든. 놀이공원에서 가장 무서운 **롤러코스터**를 탈 때와 비슷하다고나 할까.

퉁! 하필이면 울퉁불퉁한 바위 위에 떨어질 게 뭐람. 엉덩이가 아파서 혼났네.

"조심해."

내가 엉덩방아를 찧자 모모령이 달려왔어. 미운 정이라도 들었나? 걱정도 해 주고. 하지만 나는 곧 화들짝 놀라 물러섰어. 모모령이 내 바지 주머니를 더듬었거든.

"왜 이래요? 징그럽게."

"내 보물, 깨진 거 아니야? 꺼내 봐."

놀라서 주머니 위를 더듬었어. 주머니에 물이 새지 않은 걸 보니 깨지지 않았어.

"모모령, 얕은 수는 안 통해요. 내가 놀라서 유리병을 꺼내면 얼른 채 가려고 그러죠?"

"쳇, 잔머리는 천재로군."

모모령은 투덜거리며 물러났어.

마법의 숲은 한가운데에 큰 강물이 흐르는 울창한 숲이었어. 공기가 무척 습하고 더워서 금세 몸이 끈적끈적해졌지. 얼른 탈출하고 싶은 마음이 간절해졌어.

그런데 지도를 다시 보니 복잡해서 알아보기가 어려웠어. 거의 세밀화(자세하고 꼼꼼하게 그린 그림) 수준이었지.

"어떡하죠?"

탐정 유령에게 물었어. 탐정 유령은 **날카로운 눈빛**으로 지도를 째려보았어.

"괜찮아. 지도를 단순화하면 돼. 선과 점을 이용해 단순한 그래프로 바꿀 수 있어."

오! 그걸 어떻게? 맞다. 탐정 유령은 사실 전생에 수학 선생님이었지? 엉뚱한 짓을 하도 많이 해서 깜빡 잊고 있었어.

복잡한 지도를 간단한 그래프로 바꿔 놓으니까 길이 잘 보였어. 하지만 지도에는 밖으로 나가는 길이 없었어. 땅과 물과 다리뿐이었지.

"모모령, 나가는 길이 어디예요? 이거 정말 밖으로 나가는 지도 맞아요?"

"어휴, 꼼꼼하게 좀 봐. 지도에 사용 설명서가 있잖아."
모모령이 신경질을 내며 지도를 휙 뒤집었어.
"마법의 미로 다리. 다리를 딱 한 번씩만 지나 모든 다리를 건너면, 문이 열릴 것이다."

복잡한 지도를 단순한 그래프로 바꾸려면?

땅속으로 복잡하게 이어진 지하철 노선. 하지만 지하철 노선도는 아주 단순하지? 복잡한 지도를 점과 선으로 이루어진 단순한 그래프로 바꾸었기 때문이야. 여기서 말하는 그래프란, 막대그래프 같은 양의 변화를 나타내는 그래프가 아니라 점과 점을 끝 점으로 하는 몇 개의 선(변)으로 이루어진 도형을 말해.

마법의 숲 지도처럼 세밀화 같은 정교하고 복잡한 지도도 점과 선만으로 이루어진 간단한 그래프로 바꿀 수 있어. 먼저, 강의 양쪽 땅과 중간에 있는 섬을 점A, 점B, 점C, 점D로 표시해. 그리고 각 지점을 선으로 연결하여 다리를 표시하면, 지도와 같이 4개의 점과 7개의 선으로 이어진 그래프를 완성할 수 있어.

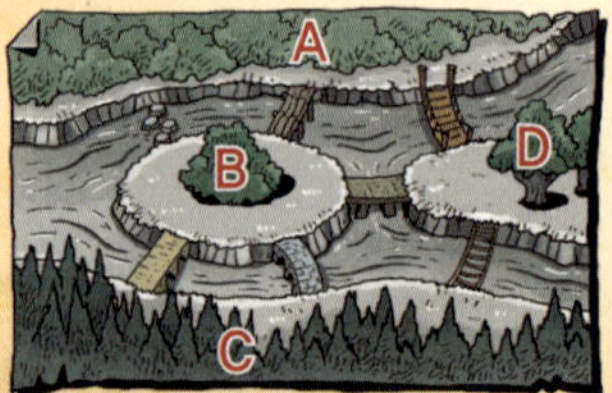

지도 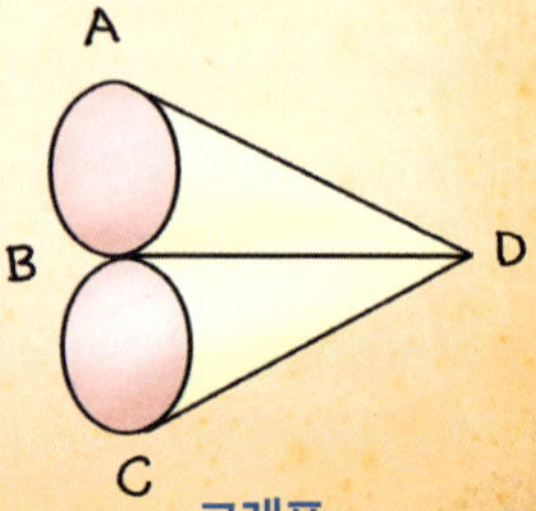 → 그래프

미스터리 수학

쾨니히스베르크 다리의 현재 모습

6장에 등장한 일곱 개의 다리는 수학 세계에서 가장 유명한 다리로, 18세기의 수학자 오일러가 한붓그리기의 법칙을 알아낸 쾨니히스베르크의 다리이다. 쾨니히스베르크의 다리는 현재 어떤 모습일까? 현재 쾨니히스베르크의 다리는 땅 주인이 바뀌어 다리의 이름과 모습이 바뀌었다. 예전에는 독일 땅이었던 쾨니히스베르크가 제2차 세계 대전 이후 소비에트 사회주의 공화국 연방으로 넘어가, 현재는 러시아 땅이 되었기 때문이다. 쾨니히스베르크라는 지명은 칼리닌그라드로 바뀌었다. 그러니 일곱 개의 다리도 이제는 칼리닌그라드의 다리로 불러야 맞지 않을까? 다리의 모습도 오일러가 보았던 것과 많이 달라졌다. 예전과 똑같은 강물이 흐르고 있지만 일곱 개의 다리 중 둘은 형태가 바뀌었고 둘은 부서져, 세 개만 남아 그 흔적을 겨우 유지하고 있다.

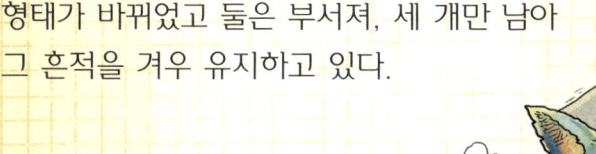

한 번 건널 때마다
무너지는 유령 다리

지도가 있다고 누구나 길을 잘 찾는 건 아니야. 우리 엄마는 내비게이션에 엄청 집중하며 운전하지만 늘 길을 잃고 헤매거든. 마법 숲의 미로 다리도 마찬가지였어. 지도로는 길이 쉽게 보이지만 막상 찾으려니 어디가 어딘지 알 수 없었어. 나무는 우거졌지, 강물은 콸콸 흐르지, 여기는 저기 같고 저기는 여기 같지, 구불구불한 나뭇가지들은 <u>유령</u>처럼 흔들리지……. 나무들이 뿌리를 뽑고 달려들지 않을까 걱정되지……. 그런 무시무시한 일들이 생기기 전에 얼른 탈출해야지.

"탐정 유령, 하늘로 올라가서 숲의 모습을 살펴봐요.

우리가 그린 지도랑 비교해 보라고요."

탐정 유령은 공중으로 올라가 마법의 숲을 살피며 모모령에게 질문을 퍼부었어.

"유령 세계 최고의 천재 탐정인 내가 말이야, 우리 유령 세계에 이런 마법의 숲이 있단 얘기는

처음 들었어. 모모령! 이 숲은 어떤 마법을 부리지? **좋은 마법 숲이야, 나쁜 마법 숲이야?** 만약 우리가 실수를 했을 때 끔찍한 일이 생기는 건 아니지?"

"모, 몰라. 난 아는 게 별로 없어. 전에 조금 알던 사람한테 이 숲 이야기를 듣고, 지도도 얻었을 뿐이야. 미로를 여기 감춰 준 사람도 바로 그 사람이야."

"그 사람이 누군데? 믿을 만한 사람이야?"

탐정 유령은 범인을 조사하는 것처럼 모모령을 다그쳤어.

"몰라. 나한테 왜 이래? 난 지도도 주고, 여기까지 따라와 줬어. 괜히 나를 몰아세우지 말고 어서 보물이나 내놔. 우리 그만 헤어지자고."

모모령은 눈썹을 추켜올리며 **험상궂은 표정**을 지었어. 하지만 탐정 유령과 나는 조금도 움츠러들지 않았어. 모모령은 보면 볼수록 어리바리해서 점점 우스워졌거든. 천재를 찾는다며 나를 잡아 온 것만 봐도 얼마나 멍청한지 알 수 있잖아.

"모모령한테 물어봐야 소용없을 거 같아요. 우린 빨리 다리나 한 바퀴 돌고 얼른 나가요."

"좋아. 다리가 모두 7개인데 어디부터 건널까?"

"가까운 곳부터 가요. 다리 아파요."

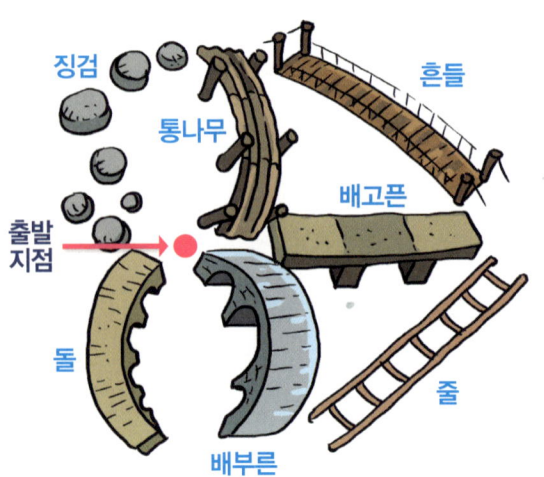

우린 가장 가까운 징검다리부터 건넜어. 물살이 매우 세서 살짝 겁이 났어. **징검다리**를 건넌 뒤 우거진

수풀을 헤치고 나아가 **통나무 다리**를 건너고, 단단한 **돌다리**를 건너고, 불룩한 **배부른 다리**를 건너고······.

"오! 생각보다 쉬운데! 여긴 착한 마법사가 만든 착한 숲인가 봐요."

자신만만하게 푹 꺼진 **배고픈 다리**를 건넜어. 혹시 한가운데에서 푹 꺼지면 어쩌나 걱정했지만 무사통과! 그런데 갈림길이 나타났지 뭐야. **흔들 다리**와 **줄사다리**. 줄사다리를 건너면, 흔들 다리를 건널 수 없고, 흔들 다리를 건너면 줄사다리는 영영 안녕이지. 둘 다 건너야 이 숲을 빠져나갈 수 있는데 말이야.

"어떡하죠? 뭐 좋은 방법 없을까요?"

탐정 유령도 고개만 갸우뚱거렸어.

"뭐가 문제인지 모르겠어. 다시 한 번 해 보자. 이번에는 출발 지점을 바꿔 보는 거야."

이번에는 맨 먼저 흔들 다리를 건너고 두 번째로 징검다리를 건너기로 했어. 그런데 아까와 비슷한 걸음의 폭으로 징검다리를 건너는데, 한쪽 발이 미끄러지고 말았어. 탐정 유령이 재빨리 잡아 줬기에 망정이지 하마터면 나, 강물에 휩쓸려 갈 뻔했다고.

"괜찮아?"

"네, 그런 것 같아요."

마음은 괜찮지 않은 느낌이 들어 돌아보았더니 징검다리 돌이 아까보다 하나 적은 것 같았어. 처음에 몇 개의 돌이 놓여 있었는지 세어 보지 않아서 정확히는 모르겠지만 왠지 그런 느낌이었어.

다음엔 돌다리 위로 올라갔어. 그런데 돌 부스러기가 우수수 떨어지지 뭐야. **다리가 조금씩 망가지고 있었어.**

배부른 다리도 마찬가지였어. 가운데쯤 갔을 때, 배가 쑥 꺼져 배고픈 다리처럼 변하고 말았지. 마음이 점점 불안해졌어.

"다음은 배고픈 다리로 갈까, 통나무 다리로 갈까?"

"통나무 다리로 건너요. 배고픈 다리가 꺼지면 정말 큰일 난다고요."

배고픈 다리보다 안전해 보이는 통나무 다리로 갔어. 몇 걸음 걸어가자 겉으로는 멀쩡해 보이던 통나무의 한가운데에서 **우지끈** 나무가 부러지는 소리가 났어. 깜짝 놀라 통나무 다리에서 내려왔어.

"어떡해! 한 번씩 실수를 할 때마다 다리가 망가지나 봐. 이 숲, 완전 나쁜 마법의 숲이야."

"어쩔 수 없어. 일단 건너가. 이번에 성공하면 되지."

 탐정 유령은 나를 재촉했어. 자기는 유령이라 둥둥 날아가면 되니까 걱정 없다 이거지! 강물에 빠지는 건 나라고! 저 강물 속에 고래만 한 피라냐 유령이 입을 쩍 벌리고 있을지도 모르는데!"
 "시간 제약이 있을 수도 있어. 서둘러."
 하지만 다리가 무너질까 봐 겁이 나 발에 떨어지지 않았어. 그때 둥둥 떠 있던 멍멍 유령이 통나무 다리로 내려와 통통 뛰어서 다리를 건넜어. 다리는 무너지지 않았어. 소리만 요란했지 완전히 부러지진 않았나 봐.
 나도 용기를 내어 통나무 다리를 건넜어.
 이제 남은 건 배고픈 다리와 줄사다리. 그런데 내가 건너온 지점에서는, 이미 건넌 다리를 다시 지나가지 않고 나머지 다리들을 건널 수 없었어. 이번에도 실패.
 "이것도 틀렸어. 어떻게 해야 하지? 될 때까지 다리를 건너 봐야 하나?"
 "안 돼. 한 번 건널 때마다 다리가 망가져. 확실한 길을 찾아야 해."
 "연필이 있으면 좋겠는데."
 탐정 유령의 말이 떨어지자마자 모모령이 덥수룩한 머리털 속에서 연필을 꺼냈어. 머리털 속에 미로 찾기에

필요한 아이템을 다 넣어 두고 있었대.

머릿속이 아득해졌어. 탐정 유령은 지도에 선을 그어 가며 모든 다리를 건널 수 있는 방법을 찾아보았어.

"이건 불가능해. 우린 여기를 빠져나갈 수 없을지도 몰라."

어헝, 눈물이 쏟아졌어. 창피한 것도 모르고 큰 소리로 엉엉 우는데 느닷없이 모모령이 다가와 내 볼에 작은 병을 대고 눈물을 받는 거 있지? 분위기가 깨져서 눈물이 쏙 들어갔어.

"뭐 하는 거예요?"

"아, 미안. 그런데 미안한 김에 조금만 더 울어 줘. 인간의 눈물로 뭔가 만들 수 있을까 해서 좀 받아 두려고."

"됐거든요. 지금 내가 누구 때문에 이 고생인데. 용서하지 않을 테야. 1번, 나를 고스트 워터 파크에 데려온 주리. 2번, 나를 유령 미로에 빠트린 모모꽹이 당신. 3번, 마방진

탐정 유령. 복수할 거예요."

"나는 왜?"

탐정 유령이 물었어.

"몰라욧!"

복수를 위해서라도 기어코 여길 빠져나가기로 결심하자 이상하게 힘이 났어.

"지도 좀 줘 봐요. 머리를 좀 써야겠어요."

분노는 최고의 에너지라고 누가 말했던가? 갑자기 생각이 솟아나면서 그동안 공부했던 모든 지식이 펼쳐졌어.

7개의 다리를 한 번씩만 건너서 모든 다리를 건너라는 건 수학에 나오는 **한붓그리기**와 같은 문제야. 이 지도를 한붓그리기로 그릴 수 있다면, 7개의 다리도 한 번씩만 건너 모든 다리를 건널 수 있어. 이건 우리가 마법의 숲을 빠져나갈 수 있다는 뜻이지. 하지만 한붓그리기가 불가능하다면 탈출 역시 불가능해.

나는 탐정 유령이 그린 그래프 지도에서 홀수 교차점과 짝수 교차점을 셌어.

"뭐 하는 거냐?"

"쳇, 수학 탐정이라고 뻐길 때는 언제고 한붓그리기 규칙도 몰라요? 홀수 교차점이 0개나 2개면 한붓그리기가

가능하지만 2개 이상이면 한붓그리기는 안 돼요. 지금 세어 보니, 이 그래프는 홀수 교차점이 4개. 처음부터 탈출이 불가능한 숲이죠. 누군지 몰라도 아주 나쁜 유령 마법사가 이 숲을 만든 거죠."

내 말을 들은 모모령이 울먹였어.

"그럼 우린 어째?"

아이고! 그게 우릴 여기에 가둔 유령이 할 말이냐고요.

나는 그래프 지도를 뚫어져라 쳐다본 결과 드디어 방법을 찾아냈어. **나, 정말로 점점 천재가 되어 가나 봐.**

"방법을 하나 찾았어요."

"무슨 방법?"

"어떻게?"

탐정 유령과 모모령이 **솜사탕 같은 얼굴**들을 내게 들이밀었어.

"간단해요. 다리를 하나 더 만들면 되죠. 아님 하나를 더 없애도 되고요."

"그럼 하나 더 만들자. 인간이 유령 세계에 와서 뭔가 망가뜨리고 가는 거, 별로 안 좋아."

탐정 유령의 말에 나도 찬성!

"좋아요. 그럼 어디에 다리를 놓을까요?"
"여기."

탐정 유령은 흔들 다리와 배고픈 다리, 줄사다리가 만나는 지점과 돌다리, 배부른 다리가 만나는 지점을 가리켰어. 나도 찬성의 뜻으로 고개를 끄덕였지.

"근데, 천재야. 다리를 어떻게 만들 거야? 도끼라도 있어야 나무를 베서 만들지."

"도끼? 그것도 있어."

모모령이 **덥수룩한 머리털**을 헤집어 도끼를 꺼냈어.

"좋았어. 한 번 해 보자고요."

도끼질이 쉬웠겠니? 더구나 나처럼 연약한 순수 초딩한테 말이야. 하지만 유령 숲의 미로에서 평생 썩는 것보다는 천배 나은 일이어서 최선을 다해 다리를 놓았어. 다리 옆에 돌을 하나 가져다 놓고 컴퍼스로 내 이름도 새겼지.

'다리 제작자 인간 안천재.'

역시 삼각자와 컴퍼스는 아주 쓸모 많은 물건이었어.

내 뛰어난 머리와 훌륭한 도끼질 실력

덕분에 우리는 무사히 다리를 하나 더 놓았어. 다리 8개를 한 번씩 지나 마법의 숲을 한 바퀴 돌았어.

"성공!"

다리를 어디에 놓을까?

한붓그리기가 가능한 도형은 홀수 교차점이 0개이거나 2개여야 해. 홀수 교차점이란 마주치는 길의 개수가 홀수인 교차 지점을 말하는 거야. 점A, 점C, 점D는 교차하는 길이 3개이고, 점B는 5개이니까 마법의 숲 미로 다리는 홀수 교차점이 4개야.

한붓그리기가 가능해지려면 아래 그림처럼 홀수 교차점 2개를 잇는 새 다리(빨간색 다리)를 놓으면 돼. 홀수 교차점 2개가 짝수 교차점으로 변하면 한붓그리기가 가능하니까.

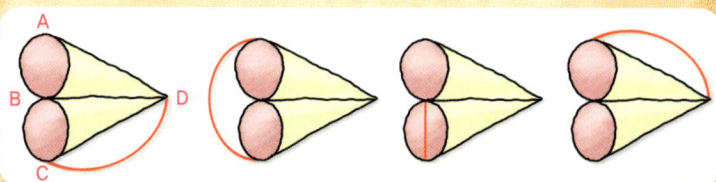

새로 그리는 다리의 위치는 위의 그림과 같이 달라질 수 있어. 또 다리를 하나 만들어 성공한 천재와는 달리 홀수 교차점을 잇는 다리를 하나 없애서 한붓그리기에 성공할 수도 있지. 어느 다리를 없애는 게 좋을지 한번 찾아봐.

시작도 끝도 없는
뫼비우스 미로

휘웅! 차가운 바람이 우리를 감쌌어. 마법의 숲에서 나가면 인간 세상 아니었어? 설마, 북극? 정신이 어질어질한 가운데 **얼음같이 차가운 마녀 목소리**가 울려 퍼졌어.

"꺄꺄꺄. 감히 보물을 가지고 도망가겠다고? 어디 달아날 테면 달아나 봐."

무슨 소리지? 나는 모모령을 쳐다보았어. 모모령은 나보다 더 당황한 표정이었어.

"인간 꼬맹이, 어서 유리병을 내놔."

쉬익, 차가운 옷자락이 내 어깨를 스쳤어. 놀라서

쳐다보니 노란 망토를 입고 쉭쉭 날아다니는 예쁜 누나?
 "누구세요?"
 "알 것 없고, 유리병이나 내놔."
 "여긴 어디예요?"
 "알 것 없고, 유리병이나 내놔."
 "왜요?"

"알 것 없고, 어서 유리병이나 내놔!"

예쁜 누나는 하나도 안 예쁜 목소리로 소리쳤어.

도대체 이 유리병 속에 뭐가 들어 있기에 다들 야단일까? 나는 유리병을 주머니에 더 깊숙이 찔러 넣고 말했지.

"이걸 주면 우릴 보내 줄 거예요? 난 집에 가야 해요."

"아니. 난 착한 일 따위는 하지 않아. 착한 마음 같은 건 개나 줘 버려."

멍멍. 갑자기 멍멍 유령이 짖었어. 우리가 하는 말을 다 알아들은 것처럼. 나는 멍멍이를 꼭 안고 뒷걸음질했어.

"그럼 나도 못 줘요."

나는 도망쳤어. 정확히 말하면 도망이 아니라 무작정 노란 망토의 반대쪽으로 달렸다는 말이 맞지. 노란 망토는 무서운 속도로 따라왔어. 얼음같이 차가운 바람을 일으키며 왼쪽으로, 오른쪽으로, 또 왼쪽으로, 마치 우리를 어딘가로 모는 것 같았어.

우리가 몰린 곳은 매끈한 길 위였어. 그곳에는 매끈한 **자동차**도 한 대 서 있었지.

"저거라도 타요."

"안 돼. 뭔지도 모르고 탈 수는 없어. 또 이상한 미로로 빠지면 어떡해."

탐정 유령이 소리쳤어. 하지만 우리 앞에 다른 선택은 없었어. 노란 망토를 피해 숨을 곳이라고는 저 자동차밖에 없었지. 우리는 덥석 자동차 문을 열고 안으로 들어갔어. 자동차는 기다렸다는 듯 부드럽게 출발했어.

"살았다."

겨우 숨을 돌리고 밖을 내다보았어. 노란 망토 마녀가 유리창에 붙어 낄낄낄 웃었어. 정말 소름 끼치는 웃음이었지. 노란 망토 마녀는 망토를 휘날리며 휘이익 날아갔어. 자동차는 더욱 빠르게 달렸어. 그런데 어느 순간 자동차가 길에 거꾸로 매달려 달리는 것 같았어. 내 머리는

아래쪽으로, 다리는 위에 둥둥 떠 있는 거야.

"으헉! 이게 무슨 일이야?"

노란 망토의 찢어지는 웃음소리가 창문을 통해 들어왔어.

"정말 살았다고 생각하니? 네가 올라탄 길은 뫼비우스의 미로야. 네 힘으로는 절대 빠져나올 수 없어."

뫼비우스? 안과 밖의 구별이 없는 그 뫼비우스의 띠 말이야? 뫼비우스 띠 위에 개미를 올려놓으면, 개미는 안과 밖이 없는 그 띠 위를 걷고 또 걷지. 개미는 언젠가는 길의 끝에 도착할 줄 알지만, 한 바퀴 돌면 시작점의 반대편으로, 또 한 바퀴 돌면 처음 시작한 지점으로 도착할 뿐이야. 뫼비우스의 띠 위로 올라간 순간 스스로 내려갈 방법은 없어. 누군가 띠를 끊어 주거나 개미를 번쩍 들어 내려 주는 방법밖에!

아악! 그런 개미가 될 순 없어. 내 인생은 아직 시작도 하지 않았다고!

"잠깐만요!"

다급해진 난 노란 망토를 불렀어.

"왜에?"

"이 병을 줄게요. 어서 내려 주세요."

"이미 늦었어. 뫼비우스의 미로를 뺑글뺑글 돌다 보면

너는 지쳐 나가떨어질 거고, 그때 보물을 차지하면 돼."
 노란 망토 마녀는 정말 차갑기 이를 데 없었어. 나는 그만 울음을 터트렸어. 유령 세계에서 끔찍한 일을 당하기에 나는 너무 어리고, 연약한 초딩이란 말이야. 엉엉엉.

뫼비우스의 띠는 어떻게 만들까?

뫼비우스의 띠는 1858년에 뫼비우스라는 학자가 발견한 독특한 모양의 띠야. 뫼비우스의 띠를 만들려면, 종이를 길게 잘라 직사각형 모양의 띠를 만든 다음 띠의 양끝을 붙이면 돼. 이때 그냥 붙이지 말고 한 번 꼬아 붙여야 해.

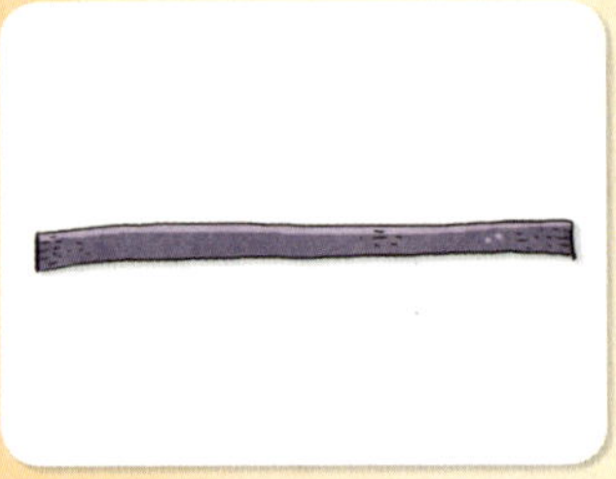

| 직사각형 모양의 띠 | 뫼비우스의 띠 |

뫼비우스의 띠는 띠의 중심을 따라 한 바퀴 이동하면 처음 출발한 지점의 뒷면에 닿고, 또 한 바퀴를 돌면 처음 출발한 지점으로 돌아오는 신기한 띠야.

·미스터리 수학·

미로를 빠져나가는 똑똑한 로봇

로봇 미로 찾기 경기는 로봇의 몸속에 컴퓨터 프로그램을 넣어 로봇이 가장 빠른 시간에, 가장 짧은 거리로 미로를 통과해 빠져나오는 것이다. 로봇은 다음과 같은 방법을 응용하여 미로를 빠져나온다.

1. 오른쪽에 선을 그으며 시작한다. 새로운 갈림길을 만나면 아무 방향이나 새로운 길을 선택한다.
2. 막다른 곳에 다다르면 왔던 길을 되짚어간다.
3. 한 번 통과한 길을 되짚어가던 중 갈림길을 만나면 새로운 길을 선택하고, 아니면 한 번 지나온 길을 통과한다.
4. 양쪽에 모두 표시된 길(두 번 통과한 길)은 다시 들어가지 않는다.

프랑스의 한 수학자가 발견한 이 방법을 이용하면 누구나 미로를 풀 수 있다. 하지만 모든 길을 두 번씩 통과하게 되어 시간이 많이 걸린다.

모모령을 알아본 꽃할배의 정체

 "천재야, 울지 말고 생각 좀 해 보자. 노란 망토 마녀가 누군지, 이 보물이 뭔지 알아보면 해결 방법도 찾을 수 있을 거야. 이 마방진 형아도 있잖아. 울지 좀 말고!"
 호랑이 굴에 들어가도 정신만 차리면 산다니까 일단 정신을 좀 차려 봐야지. 눈물을 훔치며 모모령을 쳐다봤어. 우리의 질문에 대답해 줄 사람은 모모령뿐이니까. 하지만 모모령은 손가락만 만지작거렸어.
 "노란 망토와 이 유리병에 대해 아는 대로 다 말해요!"
 모모령은 한참을 망설이다 겨우 입을 열었어.
 "이 병에 든 물은 생명수야. 내가 만들었어. 나는 천재

너보다 겨우 서너 살 많은 나이에 유령이 되었어. 처음에는 유령 생활이 얼마나 재미있었다고. 잔소리하는 할아버지가 없으니 말이야. **나를 키워 준 할아버지는 완전 잔소리쟁이였거든.**

'교통 규칙을 지켜라. 식당에서 떠들지 마라. 남의 물건을 훔치지 마라. 빌리지도 마라. 차례를 지켜라. 뒷사람을 오래 기다리게 하지 마라. 절대로.'

할아버지 때문에 나는 똥도 마음 편히 못 쌌어. 학교 화장실에서 똥을 누다가 누가 노크를 하면 중간에 끊고 나왔다고. 할아버지의 잔소리가 귀에 못이 박히듯 박혀서 말이야.

유령이 된 뒤 나는 자유를 지나치게 누렸어. 다른 유령의 물건을 몰래 갖다 쓰기도 하고, 차려 놓은 음식을 먼저 먹어 버리기도 하고, 발을 살짝 걸어 넘어뜨리기도 했어. 하지만 나는 다 장난이었어. 아기 유령이 조심성 없게도 내 장난 때문에 크게 다칠 때까지는 아무 문제가 없었어. 아무튼 나는 아기 유령 때문에 **유령 재판**에 넘겨졌지.

'유령 세계도 사람 세계와 똑같다. 함께 지내기 위해서는 질서를 지켜야 해. 질서를 배우도록!'

냉정한 유령 재판관은 나를 유령 감옥에 보냈어.

유령 감옥에는 다양한 유령들이 모여 있었어. 마법사 유령, 산신령 유령, 개그맨 유령, 미스 코리아처럼 예쁜 유령…….

　우리 죄수 유령들은 매일 아침 뉘우침의 시간을 가졌어. 기도를 하며 자기 잘못을 뉘우치고, 감옥에서 나가면 올바르게 살겠다고 다짐하는 거야. 이때 우는 유령들도 꽤 많았어. 기도가 끝나면 죄수 유령들은 자기가 좋아하는 일을 하며 신나게 지냈지. 나는 산신령 할아버지 유령을 따라다니며 지냈어.

　산신령 할아버지 유령은 진짜 산신령이 아니야. 긴 흰머리와 흰 수염이 꼭 산신령을 닮은 유령이지. 이 할아버지 유령은 살아 있을 적에 약초를 연구했었는데, 유령 세계에 와서도 연구를 계속했어. 그런데 어느 날, 실수로 사랑의 묘약에 독초를 너무 많이 넣어 사랑하는 여자 유령을 다치게 해서 결국 유령 감옥에 들어온 거야.

　'사랑의 묘약을 제대로 만들어 주세요. 예쁜 유령을 만나면 쓰게요!'

　나는 산신령 할아버지 유령을 졸랐어. 하지만 할아버지 유령은 전혀 다른 새로운 약을 만들고 있었지.
　'나는 지금 유령들에게 희망을 주는 묘약을 만들고 있다. 유령들의 가장 간절한 희망이 뭘까?'
　'다시 살아나는 거요.'
　'맞다. 나는 유령들의 순수한 눈물로 생명수를 만들고 있지. 비법은 이미 찾았는데 약간의 문제가 있구나. 100만 방울이나 되는 유령 눈물을 모으기가 힘들어.'
　'네, 그것 참 어렵겠네요.'
　'모모야, 네가 해 보겠니? 비법은 전해 주마. 나는 유령 감옥을 나가면, 신령한 산으로 떠나 도나 닦으며 지낼 생각이야. 이제 약을 만드는 일은 그만하기로 했다.'
　'네? 아, 그럴까요?'
　다시 살아나고 싶은 생각이 없었던 나는 그냥 예의상 대답했어. 얼마 뒤 할아버지 유령은 생명수를 만드는 비법을 남긴 채 유령 감옥을 떠났지.
　얼마 뒤 나도 유령 감옥을 나왔어. 그때 우연히 인간 세상의 우리 할아버지 소식을 들었어. 우리 할아버지는 아직 살아 계셨는데, 치매에 걸렸다는 거야. 나는 당장 할아버지에게 달려갔지.

'할아버지.'

'오! 모모 왔니? 할아비 안마해 주려고? 할아비는 다리 하나도 안 아파요.'

할아버지는 나를 단번에 알아보았어. 그러면 안 되는 건데……. 할아버지는 내가 곁에 있어도 못 알아봐야 했어. 살아 있는 사람은 유령을 알아보면 안 되거든. 살아 있는 사람이 유령을 알아보는 경우는, 유령이 될 날이 멀지 않았거나 치매에 걸렸거나 아니면 아주 특별한 경우일 때뿐이야. 천재 너 같이 특별한, 아니 특이한, 아무튼 있어서는 안 되는 경우지.

나는 종종 인간 세상으로 내려가 할아버지와 함께 시간을 보냈어. 할아버지는 정신이 오락가락한 가운데서도 정원을 새로 꾸미고 있었거든.

'모모야, 우리 마당에 **노란 장미**와 **빨간 장미**를 심었단다. 그런데 할아비는 두 장미가 서로 섞이는 게 싫어. 그래서 두 장미 사이에 밧줄로 울타리를 만들 건데, 밧줄을 얼마나 사야 되겠냐? 돈이 적으니 꼭 맞게 사야 하는데.'

할아버지는 줄자를 들고 머리를 긁적였지.

'14m요.'

나는 단번에 대답했어. 이래 봬도 나, 수학 감각이 좀

있는 사람이었거든.

'아이고, 우리 손자 아주 똑똑하구나. 그런데 내가 노란 장미보다 빨간 장미를 더 많이 심었냐? 꼭 그래야 하는데, 어쩐지 똑같이 심은 것 같아.'

이번에는 시간이 좀 걸렸어.

'네, 노란 장미를 심은 쪽이 조금 더 넓어요.'

'우리 똑똑한 손자.'

할아버지는 내 엉덩이를 툭툭 두드렸어.

사실은 두드리지 못했어. 사람인 할아버지는 나를 볼 수는 있지만 만질 수는 없었거든. 할아버지는 눈을 동그랗게 뜨고 나를 한 번 보더니 이내 정원 일을 시작했지. 그때 할아버지는 내가 유령이라는 걸 알아챘을지도 몰라.

그날 이후 나는 다시 살아나고 싶었어. 다시 살아나서 할아버지를 돌봐 드리고 싶었어. 나는 생명수를 완성하기로

결심했지. 필요한 눈물은 아침마다 반성의 눈물을 흘리는 죄수들에게 얻기로 하고.

나는 당장 유령 감옥에 취직했어. 유령 감옥의 교도관이 되자마자 **반성의 눈물 방**을 만들었지. 그러고는 반성의 기도를 하며 흘리는 유령 죄수들의 눈물을 모았어. 죄수들이 눈물을 질금질금 흘려서 다 모으는 데 시간이 꽤 걸렸지만, 결국 완성했어. 네가 가진 게 바로 생명수야.

생명수는 만들자마자 먹을 수 없어. 약간의 숙성 기간이 필요해. 나는 믿을 만한 사람에게 마법의 숲과 미로 상자에 관한 얘기를 듣고, 그곳에 생명수를 숨겼어."

"믿을 만한 사람이 누군데요?"

"그 유령이 누구야?"

나와 탐정 유령은 모모령에게 동시에 물었어.

"새미라고, 우리 감옥에 갇혀 있던 예쁜 언니. 내게 마법의 숲을 알려 주고 지도도 줬어."

"그 예쁜 언니가 저 끔찍한 **노란 망토 마녀** 맞지?"

탐정 유령이 물었어.

"아니야. 아니, 그게…… 맞긴 한데. 그게……. 새미는 정말 착했어. 예쁘고. 정말 정말 예쁘고 착했다고. 저 노란 마녀가 새미일 리 없어. 뭔가 잘못된 거야."

아이고! 잘못된 것은 모모령의 마음이겠지. 그리고 언니? 누나겠지! 남자들은 왜 예쁘면 다 착한 줄 알지? 우리 엄마도 꽤 예쁘지만 하나도 안 착하다고!

"일단 여기에서 나가요. 생명수가 그렇게 귀한 거라면 새미도 조심스러울 수밖에 없을 거예요."

나는 자동차 문을 벌컥 열고 노란 망토 마녀를 불렀어.

정원에 필요한 밧줄의 길이는?

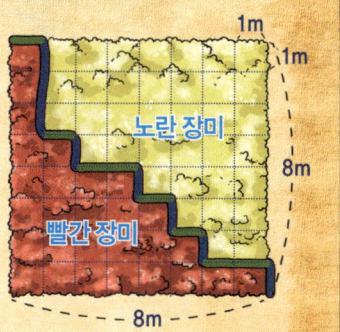

모모령은 필요한 밧줄의 길이를 어떻게 알아냈을까? 모모령 할아버지의 정원은 가로와 세로가 각각 8m인 정원이었어. 이 정원을 가로세로 1m의 작은 정사각형으로 쪼개서 생각해 보자. 그래프의 파란 선의 합은 정원의 세로 길이와 같고, 초록 선의 합은 정원의 가로 길이와 같아. 초록 선(8m)+파란 선(8m)=16m이고, 맨 위의 초록 선(1m)과 맨 아래의 파란 선(1m)은 장미를 나누는 선이 아니므로 해당 부분(2m)을 빼면 필요한 밧줄의 길이는 16-2=14(m)가 돼. 그렇다면 노란 장미와 빨간 장미가 심어진 정원의 넓이는 각각 얼마일까? 작은 사각형이 몇 개 들어있는지 세어 보면 알 수 있어. 노란 장미 정원은 36개, 빨간 장미 정원은 28개. 노란 장미 정원이 더 넓다는 사실, 금방 알겠지?

10

노란 망토 마녀가 건넨
계단 미로의 지도

"노란 망토 마녀!"

나는 유리병을 든 손을 자동차 밖으로 내밀었어.

"뫼비우스 미로에서 우리를 어서 꺼내 줘요. 그렇지 않으면 이 병을 깨뜨려 버릴 테야. 병이 깨지면 생명수고 뭐고 끝장인 거 알죠?"

"안 돼. 알았어, 알았으니 조심해. 뫼비우스 미로에서 내려 줄게."

예상대로 새미는 내 말을 들어주었어. 나는 병을 든 손을 다시 자동차 안으로 넣었어. 바로 그 순간 툭, 길이 끊어지는 소리가 났어. 자동차는 뱅글뱅글 돌며 바닥으로

곤두박질을 치다가 바닥으로 쿵 떨어졌어. 그 충격으로 그만 손에 쥐고 있던 유리병을 떨어뜨렸어.

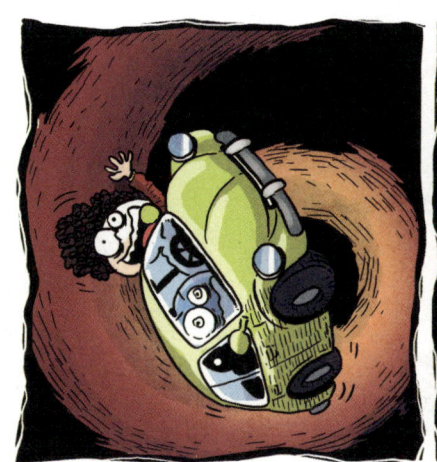 

퍽, 유리병이 깨지면서 생명수가 쏟아졌어. 너무 놀라서 소리도 지를 수 없었지. 모모령과 탐정 유령도 눈동자가 쏟아질 듯 눈만 크게 뜨고 있었어.

멍멍 유령이 맨 먼저 움직였어. 쪼르르 달려가 생명수를 핥아 먹었지.

"아악!"

"안 돼!"

"안 돼!"

나, 탐정 유령, 모모령, 세 명이 동시에 외쳤어.

멍멍 유령은 우리를 한 번 슬쩍 쳐다보더니 다시 생명수를 핥아 먹었어. 그러자 멍멍 유령 머리 위에 있던 유령 링이 사라졌어. 털에는 생기가 돌고, 눈은 더 반짝였지. 누가 봐도 살아 있는 **귀여운 강아지**가 되었어.

"내 보물! 난 이제 할아버지 곁으로 갈 수 없게 되었어."

모모령은 눈물을 뚝뚝 흘리며 울었어.

"내가 더 문제거든요. 죽기도 전에 유령이 되겠다고요!"

나도 눈물을 뚝뚝 흘리며 울었어. 멍멍 유령이 다가와 내 눈물을 핥아 주었어. 이 녀석, 눈물을 아주 좋아하나 봐.

"이제 어쩔 거야? 마녀에게 사실대로 말하면 우린 어떻게 되는 거냐?"

탐정 유령은 유령 꼬리를 동동 굴렀어.

"인간 꼬맹이와 유령 나부랭이들, 뭐 해? 당장 나와!"

노란 망토 마녀가 소리쳤어. 나는 팔뚝으로 눈물을 닦으며 차 밖으로 나갔어.

"내놔."

마녀, 아니 새미는 망토 밖으로 손을 쑥 내밀었어. 손이 쭈글쭈글했어.

"손이 왜 이렇게 쭈글쭈글해요?"

내가 훌쩍거리며 물었어. 새미는 손을 망토 속으로 쏙 집어넣더니 장갑을 끼고 다시 손을 내밀었어.

"알 것 없고, 생명수나 내놔."

주머니에 손을 넣었어. 아무것도 없는 주머니……. 빈손을 내밀면 새미는 우리를 어떻게 할까? 생명수를 먹어 버린 멍멍이를 해치면 어쩌지? 도저히 빈손을 꺼낼 자신이 없어서 우물쭈물 서 있었어.

"노란 망토 새미, 당신 몇 살이야?"

탐정 유령이 별안간 새미의 얼굴로 바짝 다가가며 물었어. 새미의 얼굴색이 확 변했어.

"뭐, 왜? 알 것 없어."

"당신, 할머니지? 실제 얼굴은 쭈글쭈글할 거야."

새미의 얼굴이 밤고구마처럼 시뻘게졌어.

"누, 누가 그래? 난 새미야, 장미 소녀 새미. 감히 내게 할머니라니……."

"장미 소녀? **장미 할머니**겠지. 아무튼 머리에 꽂은 노란 장미는 장미 할머니란 뜻인 거야? 난 또 정신이 살짝 오락가락해서 꽂은 줄 알았지."

탐정 유령은 새미를 살살 약 올렸어. 눈치 없는 모모령은 쓸데없는 말을 덧붙여 새미의 화를 돋웠지.

"우리 할아버지도 꽃을 좋아해요. 장미, 특히 노란 장미를 좋아해서 꽃할배라는 별명이 붙었어요."

새미는 펄펄 뛰며 화를 냈어. 하여간 여자들은 왜 늙었다는 말만 들으면 그렇게 화를 내는지……. 시간이 가면 누구나 늙는 건데 말이야. 나도 지금은 탱탱한 순수 초딩이지만 30년만 지나도 늙은 아저씨가 될 거라고. 그건 자연스러운 일이야!

아무튼 탐정 유령은 왜 새미의 화를 돋우는 거야? 비위를 맞춰도 모자랄 상황에!

"새미, 아니 새미 할머니, 얼굴은 유령 가면을 써서 젊은 시절 모습으로 꾸밀 수 있지만 몸은 안 돼요. 쭈글쭈글한 손, 쭈글쭈글한 목, 꼬부라진 허리를 좀 봐요. 계순 씨도 가끔 아가씨 가면을 쓰지만 이건 아니죠!"

탐정 유령 마방진의 아내 계순 누나는

할머니 모습의 유령이야. 겉모습만 보면 탐정 유령은 계순 할머니의 손자처럼 보이지. 하지만 실제 나이는 탐정 유령이 두 살 많고, 지금은 유령 부부야. 마방진은 젊은 시절에 죽어서 젊은이 모습의 유령이 되었고, 마방진의 약혼자였던 계순 누나는 늙어서 죽었기 때문에 늙은 모습의 유령이 되었지. 새미가 할머니 모습이라면, 할머니 나이에 죽어 유령이 되었기 때문이야.

그런데 새미가 진짜 할머니 유령이든 젊은 유령이든 그게 무슨 상관이라고, 탐정 유령은 자꾸 새미를 화나게 하지? 탐정 유령을 콕콕 찌르며 속삭였어.

"왜 자꾸 새미를 화나게 해요?"

"시간을 버는 거야. 너도 무슨 말이라도 좀 해 봐. 시간을 벌면서 우리가 도망칠 방법을 찾아보자고."

아, 무슨 말을 하지? 화가 나서 붉으락푸르락한 새미를 보며 머리를 막 굴리다 탐정 유령과 다른 방법을 쓰기로 했어. 탐정 유령이 화를 돋웠다면 나는 노란 망토 마녀의 기분을 좋게 풀어 주는 거지.

"말도 안 돼요. 새미가 할머니라니요! 저렇게 예쁜데! 내 눈에는 장미꽃보다 더 예뻐요. 근데 새미, 장미 소녀가 뭐예요? 옛날에는 새미처럼 예쁜 사람을 장미 소녀라고

불렀나요?"

<u>흐흐, 새미가 처음으로 웃었어.</u> 얼음처럼 차가운 미소긴 해도 안 웃는 것보다는 나았지.

"장미 소녀를 모르다니 완전 꼬맹이로군. 장미 소녀는 1950년대 우리나라 가요계를 주름잡던 소녀 그룹이야. 요즘으로 말하면 걸 그룹이지. 난 장미 소녀에서 가장 매력적인 노란 장미를 맡았었지."

1950년대? 우리나라에 한국 전쟁이 일어나던 그 옛날? 믿어지지 않아! 어쨌든 새미는 완전 할머니가 맞긴 하군.

내가 새미 유령의 나이를 꼽아 보는 동안, 새미 유령은 화려했던 과거 이야기를 시작했어. 그때가 정말 좋았는지 목소리가 부드러워지고, 표정도 밝아졌어.

"나는 장미 소녀로서 노래하고 춤추는 것이 정말 좋았어. 무대는 화려했고, 옷은 예뻤고, 우리는 사랑을 받았지. 그런데 마냥 행복하지는 않았어. 인기가 사라질까 봐 늘 불안했어. 그때 겨우 스무 살이었는데 왜 그런 걱정을 했을까? 인기가 사라진다 해도 우리 앞에는 얼마든지 다른 인생이 펼쳐졌을 텐데······.

<u>빨간 장미 유니</u>, <u>흰 장미 보미</u>도 마찬가지였어. 미래를 생각하며 늘 불안에 떨었지. 그래서였을까? 우리는

종종 다퉜어. 이상하게도 다툴 때마다 유니와 보미는 한편이 되고 나는 **외톨이**가 되었어. 내 성격이 특별히 못됐을까?

천만에, 내가 제일 인기가 많으니까 유니, 보미가 질투한 거야. 나는 팬레터도 많이 받았고, 결혼해 달라고 조르는 팬도 있었어. 나는 정말 최고의 여자였으니까."

새미의 콧대가 1cm쯤 올라간 느낌이었어. 나는 한껏 기분이 올라간 새미에게 맞장구를 쳤어.

"그래서 얼마나 멋진 남자와 결혼했어요?"

"흥! 알 것 없고."

새미의 목소리가 다시 차가워졌어.

"날 보러 공연장마다 찾아오고 무대로 뛰어들기까지 한 남자도

있었던 거 알아?"

"우와! 정말 로맨틱해요."

"로맨틱? 뭐가 로맨틱하다는 거야? 그 남자 때문에 내 인생은 완전히 망가졌다고. 복수할 거야. 복수할 거야."

새미는 길길이 뛰었어. 새미의 변덕은 정말 우리 엄마보다 더했어. 무슨 말로 새미의 기분을 맞춰야 할지 혼란스러웠어. 그래도 최선을 다했지.

"혹시 유니와 보미라는 분들, 지금도 활동하지 않나요? 우리 할아버지가 이유니라는 배우를 좋아하시거든요. 나이는 좀 있지만 우아하고, 멋있고……."

"멋있기는 뭐가 멋있어? 이유니. 신보미. 날 이 꼴로 만들고 너희는 무사할 줄 알아? 복수할 거야!"

새미 유령은 화르르 떨었어. 얼굴이 불덩이처럼 타올랐지. 도대체 새미 유령은 왜 이렇게 화로 가득 찼을까? 복수, 복수, 복수……. 아이고, 지겨워. 그 순간 내가 주리랑 모모령에게 복수한다고 큰소리쳤던 게 생각나 부끄러웠어.

"복수는 왜 하려고? 장미 소녀가 해체되는 과정에 무슨 문제가 있었나 보네."

탐정 유령이 코를 파며 묻자 새미가 째려보았어.

"알 것 없고. 쓸데없는 소린 이제 그만해. 이봐, 꼬맹이, 생명수를 어서 내놔. 나는 그 생명수를 마시고 인간으로 다시 살아날 거야. 그리고 복수할 거야. 나를 이렇게 비참하게 만든 사람들과 세상을 향해 복수할 거라고! 무슨 말인지 알겠어?"

"새미, 복수는 좋은 해결 방법이 아니야. 복수는 복수를 낳는다는 말 몰라? 그만 잊고 새 인생 살아. 그게 진정한 복수야."

탐정 유령이 충고했어. 물론 새미는 **콧방귀**를 뀌었지.

"상관하지 마. 나를 궁지에 넣고 자기들은 늙어서도 배우에, 가수에 원로 대접을 받으며 호의호식하는데, 내가 어떻게 용서해? 지금은 유령이라 그 애들 꿈속에 찾아가 악몽을 꾸게 하는 정도밖에 못하는 게 한스러워. 하지만 인간이 되면 달라지지. 내가 만든 미로 속에 그 애들을 가둘 거야. 핫핫핫, 얼마나 끔찍한 미로인 줄 알아? 너희가 시험 삼아 길을 찾아 볼래? 절대 못 찾을걸."

새미는 복잡한 미로 지도를 우리에게 내밀었어.

　새미가 건넨 미로 지도에는 복잡한 계단과 끔찍한 유령들이 바글바글한 그야말로 지옥 미로였어. 여기서 어떻게 길을 찾지? 탐정 유령과 나는 눈을 왕방울만 하게 뜨고 손가락으로 미로 길을 더듬었어.

계단 미로에서 탈출하는 방법은?

새미가 만든 복잡한 미로에서 빠져나가는 길을 찾아봐. 너무 어렵다고? 조금 멀리 떨어져서 미로 지도를 내려다봐. 그래도 길을 못 찾겠으면 도착점에서 출발점으로 길을 찾아보는 거야. 아니면 왼손을 출발점에서, 오른손을 도착점에서 시작하여 양손이 가운데에서 만나게 해 보는 것도 좋은 방법이야.

여행자의 길과 외판원의 길

영국의 수학자 해밀턴은 세계의 유명한 도시 20곳을 딱 한 번씩만 지나는 여행을 하고 집으로 돌아오기로 했다. 각 도시들은 도로와 뱃길을 통해 서로 연결돼 있는 곳도 있고, 연결돼 있지 않은 곳도 있었다. 하지만 해밀턴은 이 여행을 성공시켰다.

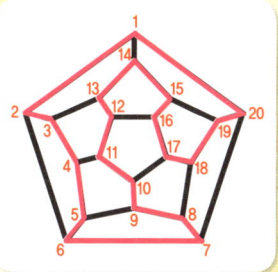

여행자의 길

해밀턴은 20개의 도시를 꼭짓점, 길을 변으로 한 지도를 그린 뒤, 모든 꼭짓점을 단 한 번씩 지나 출발점인 집으로 돌아왔기 때문이다.
어느 외판원은 해밀턴이 그린 이 지도를 보고 20개의 도시를 딱 한 번씩만 들러 물건을 팔고 마지막 도시에 머물기로 했다. 이 외판원은 해밀턴과 같은 길로 갔을까? 그렇지 않다. 외판원은 각 도시 사이의 가장 짧은 거리로 이동했고, 출발점으로 돌아오지도 않았기 때문이다.

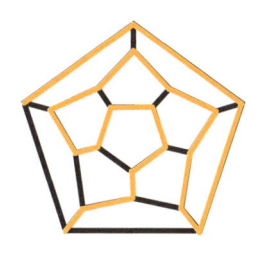

외판원의 길

11

생명의 노란 모자는 누가 썼을까?

"됐어. 더는 노닥거릴 새가 없어. 어서 생명수를 내놔."

새미가 지옥 미로의 지도를 홱 도로 뺏으며 소리쳤어.

흐읍, 나는 숨을 한껏 들이마신 뒤 흰둥이의 보들보들한 털에 입을 맞췄어. 지켜 주지 못해 미안해. 나는 멍멍이를 앞으로 쭉 내밀었어.

"뭐야?"

새미가 물었어.

"생명수요."

"뭐?"

"멍멍이가 먹어 버렸어요."

순간 세상이 멈춘 듯 조용해졌어. 삐이-. 내 귀에서는 이명(귀울림)이 들렸지.

"뭐라고?"

새미는 믿을 수 없다는 듯 다시 물었어.

"뫼비우스 미로에서 떨어질 때 유리병이 깨졌어요. 바닥에 흐른 **생명수**를 멍멍이가 먹고 살아났어요. 멍멍이는 이제 유령이 아니에요. 진짜 강아지예요."

또 다시 조용해졌어. 1초, 2초, 3초……. 새미는 아무 말도, 아무 행동도, 표정의 변화도 없이 그저 눈만 뜨고 있었어. 나도 멍멍이를 내민 채 그대로 서 있었지.

"꺄아아아아악."

잠시 후 엄청난 비명이 울려 퍼졌어. 우리 모두 귀를 막고 쓰러졌어. 멍멍이는 깜짝 놀라 멍멍 짖었어.

"개한테 줬다고?

생명수를? 내 희망을 개에게 줘 버렸다고?"

믿을 수 없겠지. 나도 믿을 수 없는걸. 내 눈앞에서 유령 개가 진짜 개로 되살아난 모습을 보고도 믿을 수 없는걸.

새미의 얼굴은 시뻘게지고, 머리카락은 점점 헝클어졌어. **한을 품고 죽은 진짜 무서운 귀신으로 변해 갔어.**

"미안해요. 그건 실수였어요. 용서해 주세요."

"그래, 인간적으로 한 번만 봐줘."

"새미 님, 옛정을 생각해서……."

나와 탐정 유령, 모모령은 벌벌 떨며 새미에게 부탁했어.

"용서? 인간 꼬맹이, 절대로 용서하지 않을 거야. 하잘것없는 유령들, 각오해. 특히 멍멍이 너!"

새미는 노란 망토를 화악 펼쳤어. 폭풍 같은 바람이 일어나 멍멍이를 날려 버렸어. 멍멍이는 공중으로 휙 날아갔다 바닥으로 툭 떨어졌어. 깽깽깽. 멍멍이가 울면서 일어났어. 넘어지면서 다쳤는지 앞다리를 절뚝거렸어. 아무것도 모르는 강아지를 다치게 하다니 해도 너무하잖아.

"약한 강아지를 괴롭히다니! 새미, 당신은 정말 나쁜 유령이에요! 정말로, 정말로 나빠요. 아주아주 나빠요. 그러니까 다른 멤버들한테 미움을 받았죠. 다른 멤버들이 스타가 되어 승승장구할 동안 평생 외롭게 살았죠?

마음보가 못됐으니까 복을 못 받은 거라고요. 당신은 그래도 싸요. 복수라고요? 세상에 복수할 자격이 있는 사람이 어딨어요? 특히 당신은 더 아니에요. 평생 화만 내면서 외롭게 살아 봐요, 어디."

너무 화가 나서 새미의 상처를 콕콕 쑤시는 말을 골라 했어. 하지만 아무리 화가 나도 남의 상처를 들쑤시는 말은 하지 말아야 해. 저주를 퍼붓지도 말아야 해. 그럴 자격은 내게도 없으니까. 하지만 한 번 뱉은 말을 주워 담을 수도 없고.

"천재야, 지나쳤어."

탐정 유령이 내 옆구리를 쿡쿡 찔렀어. 나도 안다고요. 말을 내뱉은 순간 바로 후회하고 있다고요.

잠시 뜨거운 침묵이 흘렀어. 새미는 불덩이처럼 시뻘게진 얼굴로 말했지.

"천재라……. 인간 꼬맹이, 넌 진짜 천재니, 바보니? 나한테 악담을 퍼붓고도 살아날 줄 알았어? 아니면 네가 운이 너무 좋아서 어떤 어려움에 빠져도 무사할 거라 생각하니?"

나도 모르게 고개를 끄덕였어. 지금까지 유령 세계에서 산전수전 다 겪었지만 살아났잖아. 이번에도 그러리라 믿어. 아니 믿고 싶은 간절한 마음에…….

"정말? 내 생각은 전혀 아닌데! 누구 생각이 맞는지 한번 시험해 볼까? 잘 하면 조금 더 살 수 있을지 모르지."

새미가 기괴한 웃음을 흘렸어. 조금 더 살 수 있다고?

운을 시험해 보자고? 당장 해치겠다는 말보다 더 소름 끼쳤어. 온몸이 **바들바들** 떨렸지.

새미는 내 두려움을 천천히 즐기며 망토 속에서 모자 5개를 꺼냈어. 빨간 모자 2개, 노란 모자 3개.

"너희에게 이 중 3개의 모자를 씌울 거야. 만약 자신이 생명의 노란 모자를 썼다는 확신이 들면 즉시 도망쳐. 당장. 그러면 조금 더 살 수 있을 거야. 하지만 빨간 모자를 썼는데 도망쳤다가는 목숨을 지키지 못할 거야."

새미는 우리의 입을 막고 모자를 씌웠어. 우리끼리 어떤 색 모자를 썼는지 말하지 못하게 하려고. 정말 완벽하게 나쁜 여자지? 하지만 머리는 정말 좋은 것 같아. 이 좋은 머리로 인간일 때 잘 좀 살지, 왜 한을 품은 유령이 되어 우릴 괴롭히는 거야?

우리 셋은 모자를 쓰고 서로 바라보았어. 나는 내 모자가

무슨 색인지 알지 못했어. 모모령과 탐정 유령도 자신이 쓴 모자의 색깔은 알지 못했어. 다른 두 사람이 쓴 모자 색깔만 알 수 있었지.

 탐정 유령과 모모령의 모자는 둘 다 노란색이었어. 하지만 둘은 즉시 도망치지 않고 머뭇거렸어. 나도 도망치지 못했어. 두 사람이 모두 빨간색이었으면, 내 모자는 확실히 노란색일 테니 즉시 도망칠 수 있었겠지만 두 사람의 모자가 노란색이니까 조금 더 고민해 봐야 했지.

 조금 생각한 끝에 내 모자가 노란색이라는 것을 알아챘어. **나는 멍멍이를 끌어안고 달아났어.**

 문제는 어디로 달아나느냐 하는 것이었지. 내가 머물던 곳에서 달아날 길이라고는 눈앞에 보이는 몇 개의 문뿐이었거든. 문 뒤에는 무엇이 있는지 알 수 없었지.

 나는 문 앞에서 머뭇거리다가 곧 눈앞에 있는 문 중 하나를 벌컥 열고 들어갔어. 끔찍한 무엇이 있을까 봐 조마조마했는데 다행이 아무것도 없었어. 아무것도 없는 그냥 방이었지. 방에는 또 다른 문이 있었어.

 나는 또 고민에 빠졌어. 과연 어느 문을 열고 어디로 가야 안전할까? 그때 다른 문이 벌컥 열리며 탐정 유령이 들어왔어.

"천재야, 여긴 어디래?"

문이 또 벌컥 열리며 모모령이 들어왔어.

"아! 살았다. 여긴 어디야?"

"몰라. 하지만 우리 셋 다 한 번 더 기회를 얻었군. 노란 마녀 새미가 완전 나쁜 유령은 아닌가 봐."

탐정 유령이 말했어. 물론 나는 동의하지 않았어. 하지만 모모령은 적극적으로 고개를 끄덕였지.

"맞아요. 새미는 진짜 착했다니까요. 예전에 유령 감옥에서는……. 솔직히 지금도 정말 예쁘잖아요!"

모모령은 언제쯤 '예쁘다'와 '착하다'가 같은 말이 아니라는 걸 깨닫게 될까?

내 모자의 색을 어떻게 알았을까?

경우1 2명이 빨간색 모자를 썼다!

빨간색 모자가 2개, 노란색 모자가 3개이므로, 2명이 빨간색 모자를 썼다면 당연히 나는 노란색 모자를 쓴 거니까 도망쳐야 하지.

그럼 난 노란색? 도망가자!

경우2 1명이 빨간색 모자를 썼다!

노란색 모자를 쓴 사람의 반응을 살펴. 만약 그가 즉시 도망친다면 나는 빨간색 모자인 거야. 하지만 그 사람이 가만히 있으면, 나는 노란색 모자인 거니까 도망쳐야 해.

모모령이 그냥 있네? 그럼 난 노랑이야!

경우3 2명이 노란색 모자를 썼다!

내가 빨간색 모자라면, 경우2처럼 노란색 모자를 쓴 2명이 서로의 반응에 따라 잠시 생각한 후에 도망칠 거야. 하지만 그들이 도망치지 않고 머뭇거린다면 나 역시 노란색 모자를 썼다는 말이야.

둘 다 가만히 있는 걸 보니 나도 노랑이군.

12
정체를 알 수 없는
비밀의 문 미로

문을 열고 한 걸음만 걸어 나가면 벽이 있었어. 문은 무늬만 문이었던 거야.
"옆방으로 가 보자."
우르르 옆방으로 몰려갔어. 옆방에도 문이 4개. 열어 보니 다른 방으로 통하거나, 밖으로 이어진 것처럼 보이지만 결국 벽으로 둘러싸인 곳으로 나가는 문이었어. 그러니까 이 방에서 밖으로 나갈 방법은 없는 거지.
"이곳은 미로야."
탐정 유령이 말했어. '미로'라는 말을 또 들으니 토할 것 같았어. 언제쯤 유령 미로에서 완전히 탈출할 수 있을까?

 과연 나갈 수는 있을까? 새미가 원하는 것처럼 영영 이곳에 갇히는 것은 아닐까? 새미…….
 "새미는 어디로 갔죠? 우릴 잡아먹을 듯 난리더니 조용해졌어요."
 "복수하러 갔겠지. 생명수가 없어졌다고 장미 할머니들을 내버려 두겠어? 꿈속에라도 찾아다니며 부지런히 괴롭히겠지. 또 그 뭐냐, 팬이랍시고 자기를 따라다니다 결국 곤경에 빠뜨린 그 남자도 찾아가 복수하겠지. 지금쯤 엄청 바쁠걸."
 탐정 유령의 말이 맞아. 우리를 미로에 가두고 마음 푹 놓고 사람들을 괴롭히러 나갔나 봐.
 "이제 우리 어떡하죠?"
 "멍멍이. 멍멍이에게 길을 찾으라고 하자. 거울 미로에서 멍멍이가 길을 찾았다며?"
 모모령이 좋은 의견을 냈어.
 "멍멍. 할 수 있겠니?"
 멍멍이를 바닥에 내려놓고 방문을 모두 열었어. 멍멍이는 옆방으로 뛰어가 어느 문 앞에서 멍멍 짖었어. 얼른 그 문을 열어 주었어. 멍멍이는 또 옆방으로 들어가 어떤 문 앞에서 멍멍 짖었어. 탐정 유령이 얼른 문을 열었어. 멍멍이는

길을 잘 아는 것처럼 망설이지 않고 옆방으로 뛰었어. 우리는 멍멍이를 따라 모든 방을 한 바퀴 돌았어. 어떤 문은 통과했고 어떤 문은 열어 보지도 않았지. 멍멍이의 뛰어난 후각 능력을 믿었으니까.

결과는 꽝이었어. 멍멍이는 꼬리를 흔들고, 숨을 헐떡거리며 계속 다른 방으로 뛰어들 뿐이었어. 아마 우리가 놀아 주는 줄 알았나 봐. 문을 열고 옆방으로 뛰어드는 놀이.

"뭐야? 힘들기만 하고 밖으로 나갈 수가 없잖아. 엉터리 같은 멍멍이 녀석."

 모모령이 맨 먼저 포기했어. 나와 탐정 유령은 멍멍이를 따라 모든 방을 한 바퀴 더 돌았어. 하지만 미로 밖으로 나가는 문은 찾지 못했지.
 "나도 포기야."
 "나도. 힘들어서 더는 못 뛰겠어요."
 우리는 바닥에 쭉 뻗었어. 멍멍이가 내 얼굴을 핥았어. 한바탕 재미있게 놀아서 기분이 좋은가 봐.
 "네 잘못은 아니야. 사람도, 전직 수학 선생이자 현재는 최고의 탐정이라는 유령도 못 찾는 길을 네가 어떻게 찾겠냐?"
 우리는 바닥에 벌렁 누웠어. **눈물이 질금 났어.**
 "여길 빠져나가면 나도 복수할 테야. 새미, 주리, 그리고 당신 모모령까지. 가만 안 둘 거야."
 가만히 누운 채 어떻게 복수를 할지 상상했어.
 새미는, 할머니 사진을 찾아 인터넷에 공개할 거야.
 '1970년대 아이돌 장미 소녀의 멤버 새미의 늙은 모습. 전직 아이돌이라기에는 너무 쪼글쪼글하고 못생겨졌음. 당시 팬들은 실망이 클 것.'
 <u>흐흐흐</u>. 새미는 약이 올라 펄펄 뛰겠지?
 모모령에겐 어떻게 복수하지?

할아버지가 살아 있다고 했지? 할아버지에게 찾아가 모모령은 유령 세계에서도 못된 짓만 했다고 일러바쳐야지.

주리에게는 어떻게 복수할까? 한밤중에 **귀신 분장**을 하고 찾아가 진짜로 겁에 질리게 해 줄까?

"주리는 좋아할 거야."

탐정 유령이 내 생각을 읽고 말했어.

"그럼 탐정 유령이 찾아가 겁을 줘요. 주리가 아직 진짜 유령을 안 만나 봐서 공포의 여왕 행세를 하는 거라고요.

진짜 유령을 만나면 무서워서 눈물을 쏙 뺄걸요!"
"천만에. 나한테 반할걸."
아이고, 이 왕자병!
"아무튼 천재야, 네 복수는 내가 꼭 도와줄게. 약속해. 물론 여길 빠져나갈 수만 있다면."

 탐정 유령이 맞아. 복수든 용서든 여길 빠져나가야 가능할 거 아니야. 우리는 아무 말도 하지 않고 가만히 앉아 있었어. 평생 여기 갇혀 있을 것 같은 불길한 생각이 스멀스멀 올라왔어. 탐정 유령도 그랬나 봐.

"계순 씨한테 좀 잘해 줄 걸 그랬어. 살아 있을 때나 유령이 된 뒤에나 계순 씨한테 주는 것보다 받는 게 더 많은 것 같아. 천재 네 앞에 나타난 것도 미안해. **평범한 초딩**의 삶을 방해해서 정말 미안해."

 탐정 유령이 사과를 했어. 인생의 마지막을 준비하는 사람처럼.

"나도 할아버지 말씀을 잘 듣지 않은 걸 후회해. 할아버지 말씀을 안 듣고 반항하다가 결국 사고를 당해 유령이 되었고, 유령 감옥에 갇혔고, 새미를 만나 이 지경이 되었잖아."

 후회와 반성의 분위기가 이어지자 나도 마음속에 담아 둔

말을 꺼냈어.

"엄마, 아빠한테 사랑한다고 말할걸. 맨날 투덜거리기만 했어. 사실은 많이 사랑하는데. 다시 만날 수만 있다면……."

눈물이 줄줄 흘렀어. 엄마에게 사랑한다는 말도 못했는데 여기서 유령이 된다면 평생, 가슴이 찢어지게 후회할 것 같았어. 물론 장가도 한 번 못 가 보고 유령이 되는 것보다는 덜 후회될 것 같았지만.

나는 벌떡 일어났어.

"난 엄마한테 할 말도 있고, 커서 장가도 가야 해요. 그러니까 여기서 나갈 거예요. 무슨 일이 있어도 여기서 나가서 후회한 일을 바로잡을 거예요. 다시는 후회하지 않도록. 다들 그렇게 해요, 네?"

하지만 탐정 유령과 모모령은 고개를 저었어.

"방법이 없어."

"조금 더 노력해 봐요. 물론 더 노력해도 비밀의 문으로 가득한 이 미로에서 탈출하지 못할지도 몰라요. 그래도

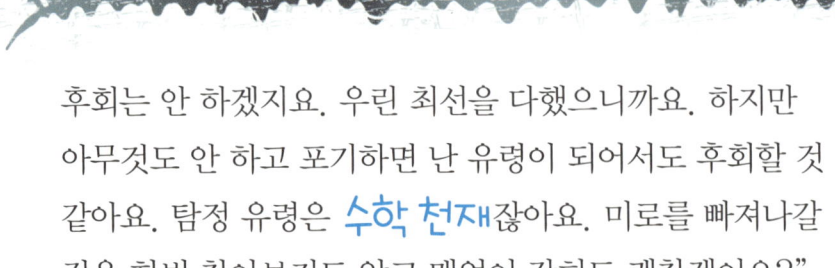

후회는 안 하겠지요. 우린 최선을 다했으니까요. 하지만 아무것도 안 하고 포기하면 난 유령이 되어서도 후회할 것 같아요. 탐정 유령은 수학 천재잖아요. 미로를 빠져나갈 길을 한번 찾아보지도 않고 맥없이 갇혀도 괜찮겠어요?"

"그렇긴 한데……."

 나는 탐정 유령과 모모령을 억지로 떠밀어 비밀의 문이 가득한 미로를 한 바퀴 돌며 <u>문 미로</u>의 지도를 그렸어. 멍멍이만 스스로 내 뒤를 뛰어왔지. 귀여운 녀석.
 드디어 미로 지도를 완성했어. 여러 개의 방과 비밀의 문이 있는, 도무지 정체를 알 수 없는 미로 중의 미로.

"어딘가 나가는 길이 있을 거예요."

"일단 문을 다 열어 보지, 뭐."

그건 아니야. 아까 미로를 두 바퀴 돌 때 문을 다 열어 보았지만 나가는 문은 못 찾았지.

"단순히 여는 것만으로는 안 될 것 같아요. 마법의 숲 미로처럼 문 미로에도 어떤 규칙이 있을 거예요. 수수께끼를 풀어야 열릴 거라고요. 마법의 숲과 연결해서 생각해 봐요."

마법의 숲 미로는 모든 다리를 한 번씩 통과해야 밖으로 나갈 수 있었어. 두 번 지나가거나 하나를 빼먹으면 안 되는 거였지.

"이 비밀의 방도 방문을 한 번씩 통과해서 모든 방문을 다 지나면 나갈 수 있을까요?"

"흠, 그럴 것 같은데."

나는 탐정 유령과 머리를 맞대고 고민했어. 모모령은 옆에서 코를 가르릉가르릉 골며 잠을 잤어. 우리만 몰래 빠져나갈까 보다!

"어떻게 하면 이 많은 문을 한 번씩 통과해서 모두 지나갈 수 있을까요?"

탐정 유령은 지도를 보며 짧고 굵은 손가락으로 문을 한

번씩 통과해 보았어. 나가는 문을 찾기는커녕 모든 문을 다 통과하여 한 바퀴 돌 수도 없었어.

"문의 개수를 세어 볼까요? 여기는 4개, 여기는 2개, 또 이 방은 5개……. **앗! 이건 홀수점, 짝수점이에요.**

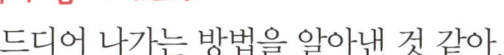

드디어 나가는 방법을 알아낸 것 같아.

"문의 수를 세어 보면, 4개, 2개, 5개 등 홀수로, 또는 짝수로 되어 있어요. 이걸 홀수점 짝수점이라고 생각하는 거죠. 홀수점이 하나일 경우 **한붓그리기**는 홀수점에서 시작하니까 ……."

문의 개수가 5개인 방 안에서 시작하여 모든 문을 한 번씩 통과하는 그림을

그려 보았어. 그러자 마지막 방의 마지막 문을 통해 밖으로 나가게 되었지.

"이 문으로 나가면 다른 데로 갈 수 있을지 몰라요. 이제 진짜로 출발해 봐요."

나는 모모령을 흔들어 깨운 뒤 모두 함께 문을 열고 나갔어. 문의 개수가 홀수인 방에서 시작하여 천천히, 신중하게, 잘되기를 바라면서 모든 문을 통과해 미로를 한 바퀴 돌았어. 마침내 맨 처음 출발했던 문이 5개 있는 방으로 돌아와 마지막 문 앞에 섰어. 심장이 콩당콩당 뛰었어.

"마지막 문을 엽니다."
나는 조용문을 열었어. 상쾌하고 낯익은 바람이 우리를 반겨 주었지.

비밀의 문 미로를 어떻게 탈출할까?

비밀의 문 미로는 한붓그리기 문제야. 문의 수가 홀수인 방이 1개일 때, 모든 문을 한 번씩 지나가려면 문의 수가 홀수인 방 안에서 시작해서 같은 방의 다른 문에서 끝나.

그럼 방문의 수가 홀수인 방이 2개인 경우는 어떨까? 이런 경우에는 한 방에서 시작해서 모든 문을 한 번씩 통과한 뒤 다른 방에서 끝나.

또 모든 방의 문이 짝수인 경우에는 어떤 방에서 시작해도 모든 문을 다 지나 처음의 방 안에서 만나게 돼.

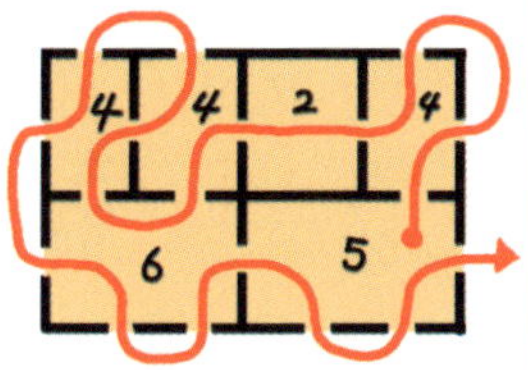

방문의 수가 홀수인 방이 1개인 경우

모든 방의 문이 짝수인 경우

13

가장 가까운 길을 찾으려면?

오! 우리 동네야. 조금만 가면 바로 우리 집.
"엄마, 엄마."
미친 듯이 집으로 뛰어갔어. 태어나서 가장 빠른 속도로 달리기를 하여 우리 집 현관문을 벌컥 열었지.
"엄마, 엄마."
엄마는 없었어. 전화도 받지 않았어. 온몸에 힘이 쭉 빠졌어.
"엄마도 없는데, 여기서 뭐 할 거야? 얼른 새미나 찾으러 가자. 복수한다며?"
복수? 맞다. 새미, 모모령, 주리에게 복수를 하겠다고

했지? 하지만 막상 집에 오니 복수고 뭐고 내 침대에 누워서 편히 쉬고만 싶은걸.

"얼른 새미랑 주리를 찾으러 가자. 유령 미로에서는 널 못 도와줬으니 복수라도 최선을 다해 도와주마. 서둘러."

탐정 유령은 나보다 더 복수를 불태웠어. 내 복수의 칼날은 벌써 무뎌졌는데 말이야.

"저기……, 다음에 하면 어떨까요?"

"안 돼. 난 시간이 없어. 사랑하는 계순 씨한테. 빨리 돌아가고 싶은데 널 도우려고

참고 있다고. 네 복수만 도와주고 얼른 돌아갈 거야."

"정 그렇다면 복수를 해야죠, 뭐. 근데 **모모령**은 어디 갔을까요?"

"모모령? 자기 할아버지한테 갔겠지. 새미는 보미, 유니 할머니한테 갔을 테고. 일단 이 약도를 좀 봐. 우리가 가야 할 곳은 모모 할아버지 집, 보미, 유니 할머니 집이야. 어느 집을 먼저 가든 상관없지만 내가 바쁘니까 제일 빠른 길로 가야겠다. 세 사람의 집을 모두 한 번씩 지나 천재 너희 집으로 돌아오려면 어느 길로 가는 게 가장 빠를까?"

탐정 유령은 약도를 놓고 가장 빠른 길을 찾았어.

"멍멍, 너는 여기 있어."

강아지를 집 안에 두고 나섰어. 엄마가 오면 깜짝

놀라겠지만 막무가내로 쫓아내진 않겠지? 살짝 걱정이 되었지만 복수를 하러 가는 길에 강아지를 데려갈 순 없으니까.

우리는 모모 할아버지 집으로 달려갔어. 지도에 표시된 집에 가까이 갈수록 달콤하고 향긋한 냄새가 났어. 장미 향기.

"오! 아름다워라!"

"정말 멋진걸."

모모 할아버지의 집은 빨간 장미, 노란 장미, 분홍 장미가 아름답게 피어 있었어. 담장도 온통 덩굴장미투성이었지. 우리는 입을 떡 벌리고 감탄을 했어.

그런데 더 놀라운 일이 있었어.

장미에 물을 주고 있는 모모 할아버지는 바로 꽃할배였어. 내가 길에서 만났던 이상한 꽃할배 말이야. 할아버지 옆에는 모모령이 있었지.

"꽃할배."

내가 작은 소리로 꽃할배를 불렀어. 그러자 꽃할배가 환하게 웃었어. 처음에는 나를 보고 웃는 줄 알았어.

"장미 소녀. 장미 소녀 새미 맞죠? 보고 싶었어요."

뒤를 돌아보았어. 내 뒤에 새미가, 아니 쭈글쭈글한

얼굴의 새미 할머니 유령이 둥둥 떠 있었어. 젊은 가면은 유령 세계에서만 쓸 수 있는지 새미는 할머니의 모습을 하고 있었지.

"앗, 새미. 여긴 왜 왔어요?"

모모령이 꽃할배를 막아서며 물었어.

"왜긴 왜야, 복수를 하러 왔지."

새미는 이글이글 불타오르는 눈으로 꽃할배를 노려보았어.

"당신! 당신 때문에 내 인생이 꼬였어. 그날 당신이 무대에 뛰어오르지만 않았어도 보미가 다치지 않았을 거고, 장미 소녀가 해체되지 않았을 거야. 그러면 나도 평생을 외롭게 살다 죽진 않았겠지."

세상에! 꽃할배가 새미를 쫓아다니던 바로 그 팬이었던 거야.

꽃할배는 두 손을 앞으로 쭉 뻗으며 새미에게 다가갔어. 새미는 주춤주춤 뒤로 물러났어.

"미안해요. 팬으로 당신을 정말 좋아했어요. 당신과 악수 한 번 해 보는 게 내 소원이었어요. 그래서 그날 늘 당신이 서 있는 왼쪽 자리로 뛰어 올라가 악수를 청하려 했는데, 하필이면 그날 당신과 보미가 자리를 바꿨더라고요. 보미는 갑자기 뛰어오른 나를 보고 너무 놀라 무대에서 떨어졌고, 당신은 나와 짜고 보미를 일부러 다치게 했다는 오해를 샀죠. 그건 아니었는데…….

이제라도 내가 사과할게요. 나 때문에 당신이 곤경에 처한 게 늘 마음이 아팠어요. 그때 경찰서도 찾아가고 음반사도 찾아가 설명하고 당신에게도 사과하려 했지만 아무도 나를 상대해 주지 않았어요. 당신도 나를 만나 주지 않았지요. 미안해요. 그리고 고마워요. 이제라도 찾아와 줘서 영광이에요."

"영광은 무슨! 치매 노인네라고 봐줄 줄 알아?"

새미는 노란 망토를 휘익 휘둘렀어. 정원의 장미꽃이 우수수 떨어졌어.

"이 장미는 당신을 생각하며 키웠어요. 장미 소녀가 해체되고 당신이 사라져서 걱정했는데, 내가 할 수 있는

일이 없었거든요. 이 꽃을 다 가져요. 평생 당신의 팬이고, 죽은 뒤에도 당신의 팬이 될 사람이 드리는 겁니다. 당신이 꽃에 화풀이를 한다 해도 말릴 생각은 없어요."

오! 꽃할배의 말은 엄청 감동적이었어.
새미도 감동했는지 주먹을 부르르 떨 뿐, 더는 해코지하지 않았어.
"새미, 당신은 여전히 아름다워요."
웩! 새미 할머니가 아름답다고?

꽃할배는 정말 치매가 분명했어.

"아름답다고? 지금의 내가?"

새미는 눈을 동그랗게 뜨고 꽃할배를 쳐다보았어. 불끈 쥔 주먹을 풀고 바닥에 떨어진 노란 장미를 주웠어.

"좋아. 특별히 당신은 용서해 주지. 날 곤란하게 했지만 좋아해서 그런 거니까."

새미는 노란 망토를 휙휙 휘두르며 날아갔어.

"새미, 어디 가는 거예요?"

꽃할배가 소리쳐 불렀지만 돌아보지 않았어.

"유니, 보미 할머니들에게 복수하러 가겠죠. 벼르고 별렀으니……."

"뭐라고? 복수는 안 돼. 미움을 버려야 **마음의 평화**를 얻을 수 있어. 어서 말려야지. 새미, 새미!"

꽃할배는 새미를 쫓아가려다 털썩 주저앉았어. 모모령이 얼른 꽃할배를 부축했어.

"할아버지, 할아버지 괜찮으세요?"

"난 괜찮으니 새미를 부탁한다. 더는 괴로움 속에 살지 않도록 너희가 좀 말려 주렴."

꽃할배는 눈물을 글썽거렸어.

"탐정 유령과 제가 가 볼게요. 할아버지는 좀 쉬세요."

우리는 모모령에게 할아버지를 부탁하고 서둘러 유니 할머니 집으로 달려갔어. 부디 새미보다 우리가 빨리 도착해야 할 텐데…….

가장 빠른 길은 어느 길일까?

천재의 집에서 출발해 꽃할배, 유니, 보니의집을 모두 지나 천재의 집으로 돌아오는 길을 찾아봐. 그리고 숫자로 표시된 움직인 거리를 계산하면 어떤 길이 가장 빠를지 알 수 있어. 세 개의 길 중 가장 빠른 길은, 가장 거리가 짧은 ①번, 천재⋯▶꽃할배⋯▶유니⋯▶보미⋯▶천재네로 돌아오는 길이야.

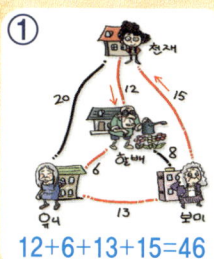
12+6+13+15=46

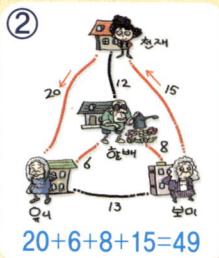
20+6+8+15=49

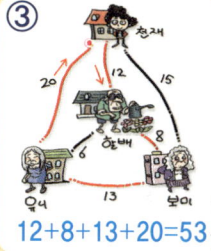
12+8+13+20=53

이렇게 모든 꼭짓점을 단 한 번씩만 지나서 출발한 지점으로 돌아오는 길을 '해밀턴 순환길(해밀턴 회로)'이라고 해. 해밀턴 순환길은 오일러의 한붓그리기와 비슷해 보이지만 조금 달라. 한붓그리기는 모든 변을 한 번씩 지나는 것이지만 해밀턴 순환길은 모든 꼭짓점을 한 번씩 지나는 것이야. 즉, 해밀턴 순환길에서는 한 번도 지나지 않은 변이 생길 수 있지.

새미의 우울한
마이너스 인생

우리는 바람처럼 달려서 유니 할머니의 집에 도착했어.
유니 할머니의 집은 여배우의 집답게 어마어마한 정원과
으리으리한 대문이 있는 **고급 주택**이었어.
대문 옆에는 큰 감나무도 서 있었어.
그런데 집 앞 나무 위에 웬 수상한
노란 물체가 흔들리고 있었어.
노란 망토로 몸을 감싼 채 꾸벅꾸벅
졸고 있는 새미 할머니였지. 복수를
하겠다며 소리소리 지르며 뛰쳐나가더니
고작 나무 위에서 졸고 있는 거야? 어쩐지 불쌍했어.

늙어서 깃털 다 빠진 독수리 같았거든.
"새미, 왜 나무 위에서 자고 있는 거야?"
탐정 유령이 새미를 흔들어 깨웠어. 새미는 눈을 번쩍 뜨고 정원을 내려다보았어. 정원에서는 유니와 보미 할머니가 차를 마시고 있었어. 한쪽 새끼손가락을 들고 찻잔을 들어 우아하게! 그 모습을 보니 새미가 약 오를 수도 있겠다는 생각이 들었어. 똑같은 장미 소녀였는데 누구는 털 빠진 늙은 새 같고, 누구는 우아한 귀부인 같으니 말이야.
"아유, 저 할망구들 아직도 안 자네."
새미는 졸린 듯 눈을 껌뻑였어.
"여기서 뭐 하는 거야?"
"알 것 없고."
졸려서 그런지 아까보다

조금 누그러진 목소리였어.

"진짜 복수를 하려고? 꽃할배가 말려 달라던데? 미움은 불행을 낳고, 사랑은 행복을 낳고……."

"시끄러워."

그때 유니 할머니가 담요를 가지러 집 안으로 들어갔어. 혼자 남은 보미 할머니의 고개가 꾸벅 떨어졌어. 새미는

쏜살같이 내려가 보미 주위를 날며 망토를 펄럭였어.

보미 할머니가 두 손으로 목을 감싸며 괴로워했어.

"으, 으, 으······."

나는 대문을 훌쩍 넘어 보미 할머니에게 달려갔어.

"할머니, 할머니 정신 차리세요. 할머니."

"으, 으, 으······."

보미 할머니는 한참 소리를 지르다 가까스로 눈을 떴어. 이마에 땀이 송글송글 맺혔어. 마침 그때 유니 할머니가 담요를 들고 나왔어.

"무슨 일이야? 너는 누구니?"

"아, 저는 천재가 아닌 안천잰데요, 유령이, 그게 장미 소녀, 아니 새미 할머······. 아니에요. 지나가다가 할머니가 가위눌린 것처럼 괴로워하시기에 깨워 주려고 들어왔어요."

설명하기는 복잡해서 대충 둘러댔어.

"그래, 고맙구나. 덕분에 살았어. 요즘 끔찍한 악몽을 자주 꾸어서······."

보미 할머니는 한숨을 푹 쉬었어.

"너도?"

유니 할머니의 눈이 커졌어.

"혹시 새미가 나오는 꿈?"

"맞아. 새미가 죽었다는 소식을 들은 뒤로 하루가 멀다 하고 악몽을 꿔. 새미가 입던 노란 망토에 목을 졸리거나, 망토에 덮여 숨을 못 쉬거나……."

새미는 정말 유니, 보미 할머니의 꿈속에 나타나 괴롭히고 있었나 봐. 지금도 보미 할머니가 잠깐 잠든 사이에 꿈속으로 들어가 괴롭힌 거야.

"우리도 살날이 얼마 남지 않았는데, 저세상에서 그 애를 만날 수 있을까?"

"아마도."

보미 할머니의 말에 유니 할머니는 고개를 끄덕였어.

"죽었다는 연락을 받았다면 장례식장에라도 갔을 텐데. 그 애랑 우리는 왜 꼬이기만 했는지 몰라."

두 할머니들은 한숨을 푹 쉬었어.

"지금이라도 서로 오해를 풀면 어떨까요?"

내가 말했어. 두 할머니들은 새삼스럽게 나를 쳐다보았지.

"넌 누구니? 우리가 무슨 말을 하는지 알기나 하고 말하는 거니?"

"저는, 그게, 사실은 시대별로 유명했던 연예인에 대해

공부하는 학생입니다. 장미 소녀에 대해 알아보다가 갑작스러운 사고로 인해 장미 소녀가 해체되었고, 그 뒤 새미는 혼자서 외롭게 살다 얼마 전 죽었다는 사실을 알게 되었어요. 제가 새미 님이라면 두 분을 원망하고 복수를 하려 할 거예요. 그래서 두 분이 악몽을 자주 꾸는 것 아닐까요? 이제라도 오해를 풀고, 누구 잘못이든 서로 사과를 한다면 죽은 새미 님도 편안해지고, 할머니들도 편안해지지 않을까요?"

할머니들은 서로를 마주 보며 고개를 끄덕였어. 새미는

나무 위에서 쫑알거렸지.

"오해는 무슨 오해? 자기들끼리만 친하게 지내고, 내 팬 때문에 다쳤다고 나를 따돌렸으면서! 그건 사고였다고! 아주 나쁜 계집애들. 겉으로만 착한 척하고!"

나 대신 탐정 유령이 새미 할머니의 입을 막았어.

"그만 좀 해, 새미 할머니야. 다 지나간 일이잖아. 보아하니 저 두 할머니도 많이 후회하는 것 같은데."

"그런 후회 필요 없어. 쟤들 때문에 내 인생은 마이너스, 마이너스, 마이너스의 연속이었어. 내가 누려야 할 행복은 장미 소녀가 해체되면서 마이너스, 재기에 실패하면서 마이너스, 외톨이가 되면서 마이너스. 나한테 뭐가 남았을 것 같아?"

"뺀다고 꼭 처음보다 적어지라는 법은 없어."

탐정 유령이 천연덕스럽게 대답했어.

"뭐라고? 엉터리 뚱뚱보. 잔소리 말고 썩 꺼져 버려."

"미로 도사이기에 수학을 엄청 잘하는 줄 알았더니 엉터리야. 뺄셈을 한다고 늘 결과가 작아지는 건 아니야. 당신의 노력에 따라 장미 소녀를 시작할 때보다 더 행복할 수도 있었다고. 1-(-3)이 얼만 줄 알아?"

"-2."

"틀렸어. 1-(-3)은 4야. 뺄셈이라고 늘 적어지는 것은 아니라고. 당신의 인생도 당신의 노력에 따라 쪼그라지지 않고 더 큰 행복이 될 수 있었단 말이야."

"순 헛소리!"

새미는 길길이 날뛰었어. 하지만 보미 할머니가 사고 얘기를 꺼내자 조용히 듣기 시작했지.

"그 사고 말이야. 새미가 작정하고 날 다치게 한 건 아니었어. 새미는 그저 무대의 한가운데에 서고 싶을 뿐이었는데 말이야. 하필 그때 낯선 남자가 무대에 뛰어들었고, 내가 너무 놀라 달아나다가 무대에서 떨어진 건데……. 그건 사고였는데, 나는 내가 다쳤다는 이유로 새미를 너무 원망했어. 너무했어."

"맞아. 그때 나도 네가 다친 것에 충격을 받아 새미를 몰아붙였어. 그 전까지는 투닥거리긴 했지만 좋은 시간이 더 많았잖아!"

유니 할머니는 지갑에서 낡은 사진을 한 장 꺼냈어. 그건 장미 소녀 셋이 젊은 시절에 환하게 웃으며 함께 찍었던 사진이었지. 두 할머니는 사진 속 새미를 쓰다듬었어.

"우리가 심했어."

"유니, 보미 할머니. 얼른 사과하세요. 지금이 기회예요."

나는 할머니들을 다그쳤어.

"애야, 넌 알고 있는 거니?"

"알 것 없고요, 악몽을 꾸기 싫으면 그냥 사과하세요."

보미 할머니의 눈이 커졌어. 보미 할머니는 벌떡 일어서서 내 어깨를 잡았어.

"'알 것 없고~.'는 새미가 입버릇처럼 쓰던 말이야. 그걸 네가 어떻게 알지?"

"제발! 더는 궁금해 하지 마세요. 설명하기 어렵다고요."

나무 위의 새미를 쳐다보며 발을 동동 굴렀어. 새미는 싫다고 하면서도 귀를 쫑긋 세우고 두 할머니의 사과를 기다렸거든.

"새미야, 사실 너한테 늘 미안했어. 그땐 우리도 어려서 모든 게 다 네 탓인 줄 알았어."

"지나고 나니 후회되더라. 지금까지 잘 지냈으면 좋았을걸. 우리도 금방 네 곁으로

가마. 혼령이 되어 만나면
사이좋게 지내자."

할머니들의 눈에 눈물이 맺혔어.
새미는 노란 망토 속으로 얼굴을
묻었어. 혹시…… 우는 거야?
복수는 이제…… 끝난 거야?
"새미 할머니, 이제 됐죠?
복수 같은 거 그만두고
유령 세계에서 행복하게
사세요, 네?"
"그런 달콤한 말로 슬쩍
넘어가려고? 그럴 거면
처음부터 시작도 안 했어.

내가 얼마나 긴 시간 동안 외로웠는 줄 알아?"

새미는 나무 위에서 발을 쿵쿵 굴렀어. 새미의 분노 에너지가 엄청난 힘을 발휘하면서 나뭇가지를 흔들어 댔어. 그 바람에 나무에 달린 감들이 우수수 떨어졌지.

"아얏!"

보미 할머니는 커다란 감에 머리를 맞고 그대로 쓰러졌어.

1-(-3)은 왜 4일까?

0보다 작은 수를 무엇이라고 하는지 알고 있니? 바로 음수라고 해. 음수는 부호 -를 사용하여 -1, -2, -3과 같이 표현해. 이와 반대로 우리에게 익숙한 0보다 큰 수는 양수라고 해. 쉽게 생각하면 양수는 앞을 보고 걸어가는 것, 음수는 뒷걸음질하는 것. 더하기는 전진, 빼기는 후진. 수직선으로 나타내면 더욱 이해하기 쉬워. 1-(-3)을 수직선을 이용해서 해결해 보자.

즉, 0에서 출발해서 앞으로 한 걸음 갔다가 빼기를 만나 뒤로 돌아서 음수인 -3만큼 뒷걸음질하면 결국 4에 도착하게 되지. 따라서 1-(-3)=4가 돼.

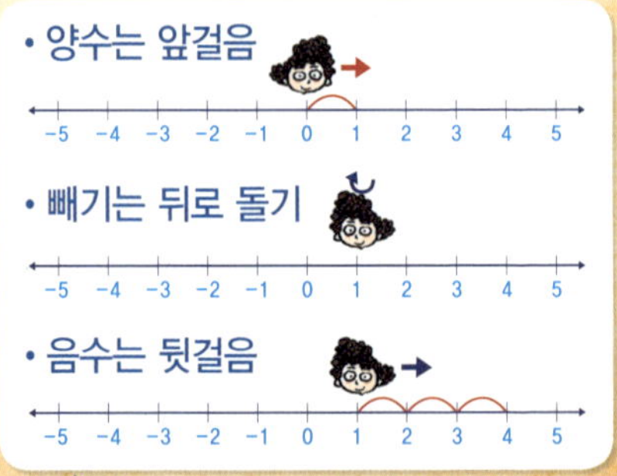

- 양수는 앞걸음
- 빼기는 뒤로 돌기
- 음수는 뒷걸음

구불구불한 미로 도시

북아프리카 모로코의 도시인 페스의 옛 도심지 메디나는 좁은 골목으로 이루어진 미로 도시이다. 메디나의 좁은 골목에 들어서면, 복잡한 미로 안에 갇힌 듯 길을 찾기가 어렵다. 진흙으로 만든 집들이 다닥다닥 붙어 있고, 비둘기의 똥이 널린 골목이 끝도 없이 이어지기 때문이다. 옛날 모로코 사람들은 외적의 침입에 대비해서 이렇게 구불구불한 미로 도시를 만들었다.

터키의 카파도키아 지방에는 지하 도시가 있다. 옛날 종교 탄압을 피해 몸을 숨긴 기독교인들이 숨어든 이 지하 도시는 55m 깊이의 깊은 땅속에 복잡하게 펼쳐져 있어 그야말로 어두운 미로 같다. 지하 도시 중 가장 잘 보존된 데린구유에는 학교, 교회, 와인 창고, 묘지까지 땅 위의 도시처럼 없는 게 없다고 한다.

15

유령 미로 감옥을 청소하는 벌

 새미 할머니는 도대체 무슨 마음으로 거기까지 왔는지 몰라.
 "그만큼 했으면 됐지, 또 복수하려고 따라왔어요? 병원에서 검사받다 잠들면 **악몽**을 꾸게 하려고요?"
 새미 할머니에게 퍼부어 줬어.
 "아니야, 아까는 실수였어. 다치게 할 생각은 없었다고. 난 그저 발을 굴렀을 뿐인데 감이 떨어진 거야."
 "이제 알겠어? 유니, 보미 할머니와 꽃할배의 마음을? 이젠 옛날 일을 잊고 새 출발 할 수 있겠지?"
 탐정 유령이 말했어.

"알았다고. 복수를 계획하는 동안 나는 뭐 즐거웠는 줄 알아? 미워하는 게 얼마나 힘들다고. 늘 배가 고팠어."

새미 할머니는 입을 비쭉거렸어. 자존심 때문에 지금 당장 화해니, 용서니 하는 말들을 하기는 어려운가 봐.

보미 할머니의 검사가 끝났어. 다행히 가벼운 뇌진탕이라 좀 쉬면 괜찮아진대.

"여러 가지로 도와줘서 고맙구나."

유니, 보미 할머니는 내 손을 잡았어.

기쁜 마음으로 병원을 나섰어. 새미 유령의 복수 사건을 평화롭게 해결하여 기분이 좋았어. 유령 세계의 노벨 평화상이 있다면 바로 내가 받겠지? 음하하하.

"천재야, 우리 귀여운 꼬맹이."

병원 밖을 나오자 뜻밖에도 아주 특별한 유령이 나를 반겼어. 계순이 누나였어.

"누나! 여긴 웬일이에요?"

"아유, 많이 컸구나. 보고 싶었단다."

계순이 누나는 내 볼에 쪽쪽 뽀뽀를 해 줬어.

"나는 안 반가워? 미로에서 못 나올 뻔했다고."

탐정 유령이 샘을 내며 계순이 누나에게 달려들었어. 누나는 엄한 목소리로 말했지.

"그러게 탐정 면허가 취소될 짓을 하면 안 되죠. 당신이 없는 동안 나는 유령 경찰이 되었어요. 선량한 유령과 사람을 괴롭힌 죄로 새미를 체포하러 왔죠."

달아나려는 새미를 계순 누나가 빠르게 체포했어.

"새미, 너를 체포한다. 유령 재판을 받는 대신 새로 만든 미로 감옥을 청소하는 벌을 받을 것이다."

"미로 감옥? 으, 안 돼! 청소하다 길을 잃으면 어떡해. 미로 감옥이 어떻게 생겼는데? 사진 같은 거 없어?"

새미는 계순 누나에게 매달렸어. 미로로 우릴 그렇게 괴롭히더니 쌤통이었어. 하지만 인간성, 아니 유령성 좋은

계순 누나는 새미가 청소할 감옥의 사진을 보여 주었어.

"바로 여기야. **입체 미로 감옥.** 모든 꼭짓점을 한 번씩만 지나서 출발점으로 돌아 나와야 해."

"꼭짓점을 한 번씩? 해밀턴 순환길이잖아. 그거야 쉽지."

새미는 잘난 척하며 정팔면체 미로의 모서리를 따라 손가락을 옮겼어. 하지만 곧 얼굴이 하얗게 질렸지.
"이거 어떻게 하는 거지? 직육면체처럼 두께를 가진 입체도형이라 잘 모르겠네. 이봐, 수학 천재. 이거 좀 봐

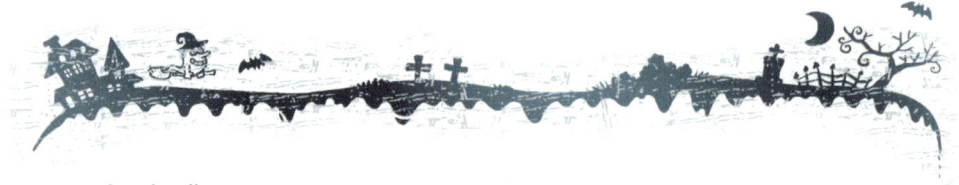

줘, 응?"

새미는 나와 탐정 유령 앞에 입체 미로 감옥의 사진을 들이밀었어.

"싫어요. 미로라면 꿈에서도 보고 싶지 않아요."

"나도 싫어. 지긋지긋해."

나도, 탐정 유령도 모두 고개를 절레절레 저었어. 하지만 어떤 미론지 너무 궁금하잖아. 나는 슬쩍 곁눈질을 했어. 그런데 탐정 유령도 곁눈질로 입체 미로 감옥의 사진을 보는 게 아니겠어? 역시 우린 못 말려.

"이건 입체를 납작한 평면으로 바꾸면 돼."

"맞아. 그럼 금방 길을 찾을 수 있다고."

"알겠어. 안 되기만 해 봐라."

새미가 미로 감옥의 사진을 보며 끙끙대는 동안 우리는 아쉬운 작별 인사를 하였어.

나는 계순 누나를 꼭 안아 주었어. 만나서 반가웠지만 다시는 만나지 않기를 바라며. 다음엔 탐정 유령. 늘 나를 힘들게 하지만 도무지 미워할 수 없는 내 유령 친구. 만날 때마다 정이 더 드는지 눈물이 살짝 났어. 눈물을 보이지 않으려고 일부러 먼 산을 바라보았는데, 그래도 내 눈물을 보았나 봐. 탐정 유령은 내게 바짝 다가와 통통한 손으로 내

눈을 감겼어.

"천재야, 눈을 감으면 뭐가 보이지?"

아무것도 보이지 않았어. 깜깜한 어둠뿐 아무것도 보이지 않았어. 어둠은 유령 친구들에 대한 내 기억을 모조리 빨아들였어.

입체 미로 찾기

정팔면체는 한 개의 꼭짓점에 네 개의 면이 만나고, 여덟 개의 면으로 이루어진 입체도형이야. 정팔면체 모양의 입체 미로 감옥에서 빠져나오려면, 모든 꼭짓점을 단 한 번씩만 지나서 출발한 지점으로 돌아와야 해. 즉, 해밀턴 순환길을 따라 이동해야 하는 거야. 이 문제를 쉽게 풀려면, 입체도형인 정팔면체를 위에서 아래로 꾹 눌러 평면 도형으로 만들면 돼.

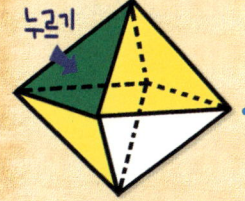
정팔면체

조금 납작해진 모양   완전히 납작해진 모양

만약 평행하게 놓인 모서리가 있다면 선을 옆으로 늘이고 꼭짓점의 위치도 옆으로 옮겨서 평면에서 보기 쉽게 만들면 돼.

에필로그

공포의 여왕을 위한
통쾌한 복수

딴딴다 딴따따따. 내 휴대 전화 벨소리가 요란하게 울렸어. 깜짝 놀라 받아 보니 엄마였어.

"안천재, 너 어디야? 지금이 몇 시야? 고스트 워터 파크에서 아주 사냐?"

그러고 보니 벌써 6시가 다 되었네. 고스트 워터 파크에서 일찍 나온 것 같은데, 시간이 이렇게 많이 흐르다니!

"엄마, 거기선 일찍 나왔어. 시간이 이렇게 많이 됐는 줄 몰랐네."

"됐고, 집에 있는 하얀 개는 뭐야? 엄마 허락도 없이 개를 사 온 거야? 정신이 있는 거니, 없는 거니?"

"개? 무슨 개?"

"지금 엄마 놀리는 거야? 거실 한가운데에 똥을 한 무더기나 싸 놓은 하얀 똥개가 그럼 하늘에서 떨어졌니, 땅에서 솟았겠니? 어머, 강아지 너! 왜 발을 핥고 그러니? 아유, 간지러워. 꼬리 흔들지 마. 귀여운 척하지 말라고! 아무튼 천재 너, 당장 들어와서 해결해."

엄마는 전화를 뚝 끊었어.

도대체 무슨 일인지 모르겠네. 우리 집에 갑자기 강아지가 생기다니! 발을 핥고 꼬리를 흔드는 귀여운

개가! 나는 개를 너무 좋아하지만 엄마가 절대 반대하는 바람에 꿈도 못 꾸고 있었어. 어디서 나타난 거지? 아빠가 우리 몰래 사다 놓고 시치미를 뚝 떼나? 히히히. 웃음이 흘러나왔어. 갑자기 나타난 개라면 우리가 키울 수도 있잖아.

"업둥이는 원래 집에서 키우는 거래. 업둥이를 내쫓으면 복 나간대."

언젠가 텔레비전 드라마를 보며 엄마가 했던 말이 생각났거든.

나는 콧노래를 흥얼거리며 집으로 달려갔어. 그런데 누군가 내 등짝을 쫙! 아이고, 따가워라. 놀라서 홱 돌아보니 공포의 여왕 주리가 마녀 웃음을 지어 보였어.

"안천재, 어디 가? 지금 안 바쁘지? 나 좀 따라와 봐."

맞다! 나, 주리에게 중요한

볼일이 있었던 것 같아.

"잠깐만. 나 너한테 할 말이 있는 것 같아."

"뭐?"

주리의 눈이 동그래졌어.

"잘 생각은 안 나는데 분명히 있어."

"얼른 생각해 내. 궁금해."

"뭔가 굉장히 중요한 일 같은데……."

"뭐, 뭐, 뭐? 학교에 대한 거야? 친구? 아니면 생일 파티 같은 거? 이상한 소문? 누가 뭐래? 잘 좀 생각해 봐. 응, 응, 응?"

주리는 궁금해서 발을 동동 굴렀어. 그 모습을 보니 자꾸 웃음이 났지. 정말로 무슨 용건인지 생각이 나지 않았지만, 생각이 나도 빨리 말해 주고 싶지 않았어. 날 놀리는 재미로 사는 주리에게 복수하는 기분이 들었거든.

"그게 말이야. 남자 친구에 대한 것 같기도 하고……."

"꺅! 남자 친구? 뭐야, 나 남자 친구 없는데, 근데 남자 친구가 뭐 어쨌다고? 응? 응?"

"아니다. 유령에 대한 것 같기도 하고……."

"꺄악! 유령? 귀신은 아니고? 유령이 뭐 어쨌는데? 응? 응? 응?"

주리는 안달복달했어.

"모르겠다. 다음에 생각나면 말해 줄게."

"너, 꼭 생각해야 해. 안 그러면 미로 같은 감옥이라도 만들어 영영 가두고 말 테야. 아유, 궁금해 죽겠네. 잠도 못 잘 것 같아."

주리는 고래고래 소리를 질렀어. 미로 감옥이라……. 스릴 있고 재미만 있겠네, 뭐.

나는 궁금해서 안달을 내는 주리를 남겨 둔 채 집을 향해 달렸어. 날 놀리는 재미로 살던 주리에게 딱 적당히 복수한

기분이 들어 통쾌했어.

복수는 남자답지 못하고 인간답지 못한 비열한 짓이야. 하지만 고스트 워터 파크의 파도풀에 나를 빠뜨린 주리를 이 정도 놀려 먹는 건 괜찮겠지? 이건 복수가 아니라 **공포의 여왕**에게 맨날 당하는 무결점 **순수 초딩**의 소박한 몸부림이니까.

초등 수학 교과 연계표

수학 개념	본 책	관련 단원 학년-학기	단원
거울의 각도와 상의 개수	59p	4-1	2. 각도
그래프 이론	81p, 82p	중고등 수학	
논리와 추론	141p	창의 수학	
도형의 둘레와 넓이	115p	3-1	5. 길이와 시간
		5-1	6. 다각형의 둘레와 넓이
마방진	48p, 49p, 51p	창의 수학	
뫼비우스의 띠	100p, 102p	중고등 수학	
무게의 합	71p	3-2	5. 들이와 무게
미로 탈출법	17p, 38p, 103p, 130p	문제 해결	
반올림	25p	3-1	1. 덧셈과 뺄셈
백분율	71p	6-1	4. 비와 비율
분수의 곱셈	71p	5	2. 분수의 곱셈
수학자-뫼비우스	102p	수학 상식	
수학자-오일러	83p	수학 상식	
수학자-해밀턴	131p	수학 상식	
음수와 양수	176p	중고등 수학	
일대일 대응	27p	5-1	3. 규칙과 대응
입체도형(정팔면체)	185p	중고등 수학	
좌수법	36p, 38p	창의 수학	
한붓그리기	92p, 93p, 95p, 155p	중고등 수학	
해밀턴 순환길(해밀턴 회로)	131p, 165p	중고등 수학	
확률	25p	6-1	4. 비와 비율

퀴즈! 과학상식 (현 85권)

엉뚱한 유머와 상상을 초월하는 재미가 가득!
쉽고 재밌는 과학·수학 원리가 머리에 쏙쏙!

1	동물	43	공포 마술
2	인체	44	황당 과학
3	우주	45	공포 과학 사건
4	발명·발견	46	공격·방어
5	물리·화학	47	황당 수학
6	날씨·환경	48	꼬질꼬질 과학
7	바다·해저	49	오싹오싹 과학
8	곤충	50	미스터리 수학
9	똥·방귀	51	공부 과학
10	로봇	52	공포 수학 사건
11	몸속 탐험	53	미스터리 암호 과학
12	지구 탐험	54	공포 퍼즐 수학
13	에너지	55	황당 추리 수학
14	전기·자석	56	황당 수수께끼 과학
15	독·희귀 동·식물	57	황당 마술 수학
16	로켓·인공위성	58	황당 요리 수학
17	두뇌 탐험	59	SOS 생존 과학
18	벌레	60	공포 미로 수학
19	사춘기·성	61	황당 암호 수학
20	남극·북극	62	SOS 쓰레기 과학
21	동굴 탐험	63	황당 캠핑 수학
22	사막·정글	64	황당 게임 수학
23	질병·세균	65	최강 개그 과학
24	화산·지진	66	황당 요괴 수학
25	불가사의	67	황당 도형 수학
26	세계 최고·최초	68	황당 직업
27	천재 과학자	69	황당 연산 수학
28	파충류·양서류	70	황당 개그 수학
29	실험·관찰	71	황당 텔레비전 수학
30	응급처치	72	황당 불량 과학
31	미래 과학	73	뇌와 인공 지능
32	벌레잡이 식물	74	최강 로봇 수학
33	식품·영양	75	빅데이터 과학
34	스포츠 과학	76	드론 과학
35	엽기 과학	77	가상 현실·증강 현실
36	공룡	78	사물 인터넷 과학
37	별난 연구	79	황당 방송 과학
38	과학수사	80	3D 프린팅 과학
39	공포 과학	81	엉뚱 실험 수학
40	공포 미스터리	82	황당 측정 수학
41	별난 요리	83	유튜브 크리에이터
42	공포 독·가스	84	세계 불가사의 수학
		85	귀여운 강아지 과학

★퀴즈! 과학상식 시리즈는 계속 나옵니다.

화제의 도서